AF499949

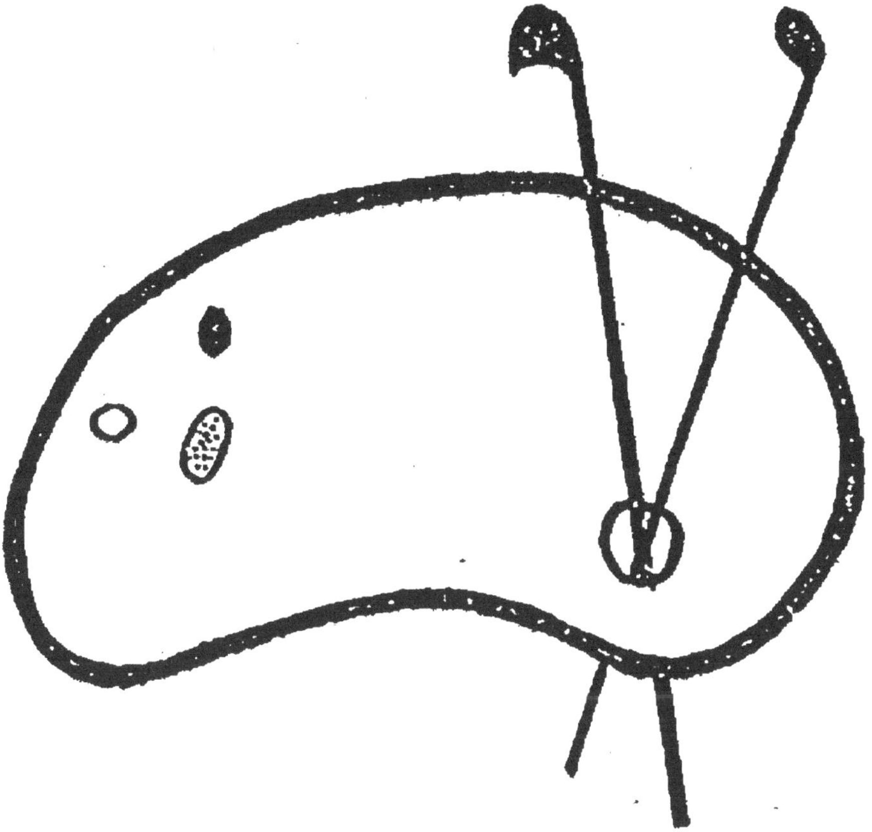

Mme EMILIE CARLIER

Chevalier de la Légion d'Honneur

AU MILIEU DES MASSACRES

Journal de la femme d'un Consul de France en Arménie

FÉLIX JUVEN, EDITEUR
122, Rue Réaumur, Paris

1140 — G. de Malherbe, imprimeur, 12, passage des Favorites (XVe)

AU MILIEU

DES

MASSACRES

Phot. Nadar.

Madame Émilie CARLIER
29 janvier 1903

Mme ÉMILIE CARLIER
Chevalier de la Légion d'Honneur

AU MILIEU DES MASSACRES

Journal de la femme d'un Consul de France en Arménie

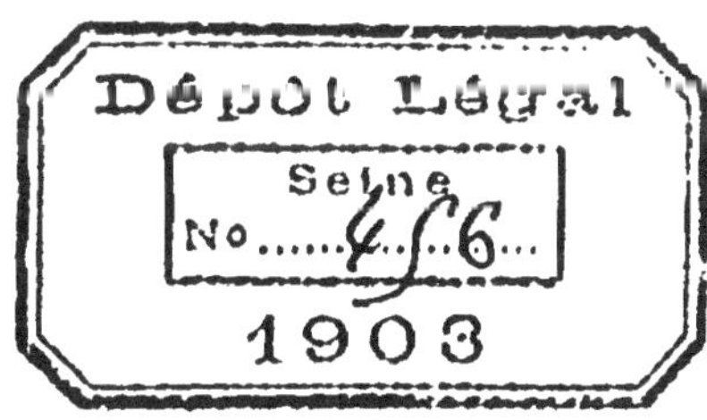

PARIS
FÉLIX JUVEN, ÉDITEUR
122, RUE RÉAUMUR, 122

Imp. Paul Dupont. — Paris, 1er Arrt. — 61.2.1903 (Cl.)

MINISTÈRE DES AFFAIRES ÉTRANGÈRES

Par décret du président de la République en date du 14 janvier 1903.

Est nommée au grade de chevalier dans l'ordre national de la Légion d'Honneur, **Mme Veuve Maurice Carlier**, née Émilie Thévenin.

S'est fait remarquer par son courage et son dévouement dans les événements de Sivas en 1895.

(*Journal officiel*, 15 janvier 1903.)

AVANT-PROPOS

L'effroyable tragédie qui, à la fin de 1895, monda l'Arménie de sang chrétien, est mal connue dans ses détails. Sans doute quelques missions publièrent alors des lettres de témoins oculaires; sans doute aussi, un Livre Jaune *donna, avec des statistiques des massacres, un certain nombre de rapports de nos consuls MM. Carlier, Meyrier, Cillière, et les documents de plusieurs enquêtes officielles. Mais tous ces éléments réunis restaient insuffisants pour nous mettre à même de revivre par la pensée cette sinistre époque: encore moins permettaient-ils d'imaginer ce que dut être, au fond des montagnes arméniennes, l'existence d'un consul qui, au souci de protéger les siens, de couvrir efficacement du pavillon les missions françaises, voyait s'ajouter l'extrême difficulté d'arracher à la mort des milliers d'êtres humains le suppliant de les sauver. « Il faut avoir vu sur place ces existences sacrifiées pour comprendre ce qui se dépense d'héroïsme obscur dans telle maisonnette d'exil... dans la bourgade turque où le vice-consul de France, écrasé sous le poids d'un grand passé dont il conserve les charges, consume une vie isolée, ingrate, loin de tout secours, de tout réconfort d'âme, en lutte perpétuelle avec les autorités locales, toujours sous le coup d'un désaveu s'il est trop ferme... Gardien d'un drapeau qu'il arbore aux jours d'épreuve et qui demeure pour tous les chrétiens de ce pays l'emblème traditionnel de force et de justice, l'agent de France est assailli par les supplications de tous les malheureux. Il faut voir alors — je l'ai vu, dit M. Melchior de Vogüé, — le désespoir au cœur de l'humble vice-consul qui se sent si petit, si faible, avec de si grands devoirs et qui accumule toutes ses énergies* « pour faire encore avec rien un fantôme de France ».

***

Or, en 1899, M. Maurice Carlier, vice-consul à Sivas, l'un des représentants de la France, qui, d'après le témoignage de ses chefs et celui des Missions françaises, eurent la conduite la plus vaillante, prirent les me-

sures les plus hardies, succombait, tout jeune encore, des suites d'une affection contractée pendant le rude hiver des massacres. Il laissait un jeune fils, né en Arménie, et une veuve qui venait d'être citée avec éloges (article de l'éminent écrivain que nous venons de nommer, paru au Figaro *le 2 février 1897), puis, mise à l'ordre du jour par M. Paul Cambon, ambassadeur de France à Constantinople. M. Maurice Carlier, nature très en dehors, vrai type de soldat (il n'avait dû qu'à un cruel accident de cheval de ne point embrasser, comme il l'eût souhaité, la carrière militaire), s'était vu souvent, depuis les massacres, sollicité par ses amis et sa famille de rédiger pour eux un mémorial de sa vie en Arménie. Déjà il leur en avait donné une première partie, son* Carnet de route, *récit alerte du voyage de Constantinople à Sivas; mais il ne se pressait pas d'achever cette petite œuvre rétrospective, disant « qu'il avait largement le temps avant que son fils fût en âge de comprendre ce qui s'était passé autour de son berceau. »*

* * *

Seulement, après sa mort, après une très grave maladie de Mme Carlier elle-même, le grand-père de l'enfant voulut que si, un jour, son petit-fils n'avait plus personne pour lui raconter de vive voix la conduite de son père et de sa mère à Sivas, du moins subsistât un récit des événements où ils s'étaient si fièrement montrés. Aussi pressa-t-il sa belle-fille de refondre les quelques pages laissées par son mari, et de les compléter avec ses notes et souvenirs personnels. Si douloureuse que lui fût une pareille tâche, la jeune veuve s'y consacra durant de longs mois. De là son Journal de la femme d'un consul de France en Arménie pendant l'hiver des massacres.

Ce journal circula parmi quelques intimes, notamment à Strasbourg où Mme Carlier a coutume de passer les étés. C'est en Alsace qu'un hasard heureux voulut que nous en entendissions parler et obtinssions connaissance de fragments qui nous semblèrent du plus vif intérêt. Rentré à Paris, nous tentâmes alors une démarche auprès de M. Carlier père, afin de persuader le chef de famille que le culte de la mémoire de son fils — et aussi un véritable intérêt d'humanité à une époque où de graves symptômes apparaissaient encore en Orient — ne permettaient pas de laisser igno-

rer au public ce que raconte ce Journal. Nous le remercions d'avoir favorablement accueilli cette démarche.

15 janvier 1903.

MASSON-FORESTIER.

* * *

Le succès qu'a remporté ce journal quand, tout récemment, il parut à la *Revue des Deux Mondes;* la croix accordée, sans aucune sollicitation de sa part, sans même qu'elle se doutât qu'il pût en être question, à une jeune femme pour de véritables « faits de guerre » ; cette distinction arrivant, par une délicate attention du Ministre, le jour même où le *Journal* est révélé au public ; l'accueil enthousiaste que lui fit la presse indépendante — ce mot a, ici, un sens un peu particulier... — nous décident à compléter, en divers points, les renseignements fournis par l'avant-propos qui précède.

Quand en 1901 Mme Carlier commença son *Journal*, elle eut à sa disposition d'abondants matériaux, d'abord ses notes prises à Sivas, puis ses lettres, celles de son mari, les souvenirs de quelques amis, enfin le brouillon de certain *Journal de Bord*, suite de petits bulletins tenus au jour le jour et envoyés chaque semaine à Constantinople par M. Maurice Carlier (les minutes en sont toujours — nous avons pu nous en assurer — aux archives de l'ambassade — octobre 1895 à mars 1896).

* * *

Pour nous, quand récemment la confiance de M. Carlier père voulut bien nous donner mission d'abord d'élaguer de ce récit tout ce qui eût pu sembler trop intime ou ralentir par trop la marche de l'action, nous étudiâmes avec soin, afin d'être sûrs qu'aucune inexactitude ne s'était glissée dans le journal, ce qui avait été écrit sur les massacres d'Arménie, particulièrement les deux *Livres Jaunes* (parus en 1897), et nous mîmes en rapports avec les plus autorisés parmi les témoins de ces terribles événements. De là nos petites notes de bas de page; de là aussi, pour élargir l'horizon du lecteur, qui sans doute n'aura plus de si tôt l'occasion d'entendre parler de l'Arménie et des Grands Massacres, les documents (par extraits) qui terminent le présent volume.

Ces extraits comprennent :

1° Quelques avertissements que l'ambassade

française donnait avant les massacres, au ministère des Affaires étrangères.

2° A titre de référence, les rares dépêches échangées aux heures critiques entre M. Cambon et son vice-consul de Sivas — *rares*, on verra pour quelle fière raison !

3° Les passages essentiels des rapports, relatifs aux massacres, des autres consulats français en Arménie.

4° Une relation des événements d'Orfa, les plus meurtriers, les plus effroyables de tous.

5° L'appréciation portée par M. Cambon, après les massacres, sur la conduite de ses quatre subordonnés, MM. Meyrier, Carlier, Roqueferrier et Cillière — cela afin que le lecteur, toujours un peu méfiant, (il a bien raison d'être méfiant : que ne l'est-il davantage!) puisse contrôler, cette fois, si Mme Carlier, qui, on le sait, présente celui qu'elle a perdu comme un modèle d'énergie, de décision, et surtout comme un noble cœur, ne s'est pas laissé abuser par sa vive affection (tout Langres a su quel délicat et frais roman fut son mariage avec le jeune consul), en érigeant ce monument à une chère mémoire, — ou si elle n'a été, en somme, que strictement juste et vraie.

Le *Journal* de Mme Carlier, dont la *Revue des Deux Mondes* n'avait publié que des extraits, extraits d'ailleurs fort étendus, est ici au complet, sauf de menus détails qui n'eussent intéressé que la famille.

Nous avons rétabli notamment certains passages qui, dans l'état actuel de la législation sur la presse, n'auraient pu être laissés dans une publication périodique sans l'exposer à l'usage si exorbitant, si abusif du droit de réponse.

Cependant, malgré nos restitutions, l'allocution de M. Paul Cambon à Thérapia reste encore tronquée, mais cela, disons-le, à la demande de deux personnalités, l'une bien haute, l'autre bien humble, ou plutôt bien volontairement effacée, qui toutes deux se sont rencontrées dans les mêmes scrupules de modestie. Pour la coupure finale, il nous semble que ceux qui liront attentivement, à la fin de ce volume, l'opinion que l'ambassadeur formula, officiellement, cette fois, sur la conduite de son consul à Sivas *et sur celle de ses collaborateurs*, devinant le sens des paroles qui terminaient le petit toast de Thérapia, mettront des mots là où l'on nous a contraint de ne laisser que des points.

Quant au *Carnet de Route*, c'est une simple mais humoristique relation de voyage. Sa verte allure, sa gaieté parfois un peu grosse, contrasteront sans doute avec le ton grave et la sourde mélancolie dont est pénétré tout le *Journal*. Mais le *Carnet* de M. Carlier fut écrit de verve en des heures fortunées, tandis que le *Journal* n'a été tracé qu'avec effort, après des deuils accablants, par une veuve dont la santé venait d'être gravement atteinte.

Tout de même, ce *Carnet*, à notre avis, sera pour le *Journal* la meilleure et la plus claire des introductions. Il déborde de vie. On y voit déjà paraître et s'agiter tous les personnages secondaires de la maison consulaire, le fameux Panayoti, ce type superbe de galant matamore, dont son chef sut un moment faire un héros; puis Mehemet, le Circassien géant, d'une si admirable fidélité; la douce Lucie, cette bonne paysanne qui, de son village qu'elle n'avait jamais quitté, se rendit d'une traite, toute seule, jusqu'au fond de l'Arménie (elle est encore au service de Mme Carlier), et jusqu'aux deux molosses qui, en une heure critique, sauvèrent la vie à petit Jean, petit Jean que les réfugiés arméniens, se ruant épouvantés à travers sa chambre, allaient fouler aux pieds.

Et puis, quand on a achevé la lecture du *Carnet*, il semble qu'on connait, comme si l'on avait été son ami, il semble aussi qu'on aime un peu déjà l'homme si franc, si droit, si gai, si excellemment français que fut notre consul à Sivas. Peut-être même aura-t-on commencé à deviner un peu l'âme, si pudiquement voilée, de celle à qui, avec sa malicieuse bonhomie, certain haut personnage reprochait naguère de demeurer à travers tous les événements « silencieuse sur elle-même, et comme impénétrable ».

Ce haut personnage désignait ainsi la femme qui, dans son long journal, n'a livré que si peu d'elle-même...

15 février 1903.

M. F.

AU MILIEU DES MASSACRES

CARNET DE ROUTE

De Constantinople à Sivas

Décembre 1894 — Janvier 1895.

22 décembre. — Émilie vient de faire un petit coup de tête. Sur les instances de la colonie française, M. Cambon m'avait trouvé un poste provisoire ici, pour lui épargner à elle, vu son état, la traversée de la chaîne des monts d'Arménie. Mais voyant que j'étais désolé, au fond, de rester dans une sinécure, quand bientôt peut-être il y aura tant à faire à Sivas, ma femme a exigé que nous partions. Soit, mettons-nous en route !

23 décembre. — En rentrant à l'hôtel, je trouve enfin Lucie (la bonne d'enfant, elle arrive par Marseille) et mon fidèle Panayoti, venant de Beyrouth par le même paquebot. Panayoti, qui est un type de beau gars très avantageux, s'était, paraît-il, monté la tête, sur le compte des appas de la jeune Française. Il est furieux. Il a une grimace comique en me parlant du physique de Lucie, qui pourtant n'est pas mal, mais dépourvue de cet embonpoint sans lequel une imagination orientale ne conçoit pas la femme. Lucie, au contraire, le trouve bel homme. Fichtre, je crois bien !

24 décembre. — Nous nous embarquons, Émilie et moi, avec nos gens et nos chiens, sur le *Tigre*, un ancien paquebot défraîchi des mers de Chine. Malgré une pluie battante, un vent soufflant en rafales, tous nos amis sont là sur le quai, venus pour nous serrer la main. Ils nous vantent à plaisir la vue que l'on a, d'ordinaire, en sortant du Bosphore. Seulement le ciel est très sombre, et, avec la pluie, nous ne verrons rien. A six heures du soir, appareillage. Pas moyen de rester sur le pont ! Il faut descendre au salon, mais là, toute une famille grecque est vautrée. Que d'enfants !... Et ils mangent tous... et un tapage !

... A bord, nous trouvons, entre autres

M. Vilbert, drogman de l'ambassade, qui va lui à Bitlis et Sassoun, comme membre de la Commission internationale. Il part enquêter sur les massacres (1). Cette mission, paraît-il, m'était dévolue, mais mon ignorance de la langue turque m'en a, heureusement, fait exempter. Il se trouve que M. Vilbert est presque un petit cousin d'Émilie.

...

26 décembre. — A six heures du matin, nous arrivons à Samsoun par calme plat, mais le ciel est menaçant. L'aspect de la ville, en revanche, n'est point désagréable : une longue bande de terre grise, des maisons en torchis, quelques minarets, et, derrière, de hautes montagnes coiffées de neige, les montagnes qu'il va falloir escalader !...

Le paquebot a jeté l'ancre à un demi-kilomètre de la côte. Voici l'agent des Message-

(1) Ce qu'on a appelé les affaires de Sassoun. Sassoun (qu'il ne faut pas confondre avec Samsoun, port sur la mer Noire) ou plutôt le Sassoun, est un pays très à l'ouest du lac de Van, où des massacres eurent lieu en octobre 1894. L'enquête, rédigée en français, fut publiée par le gouvernement anglais, *Livre bleu*, 1895, et par le gouvernement français, *Livre jaune*, 1897.

ries, M. de Cortange, un aimable garçon qui nous presse de débarquer, car la barre est presque toujours mauvaise et il craint un coup de vent. L'opération n'offre de difficulté qu'avec *Porthos*, l'un de nos deux grands dogues, qui ne veut pas quitter le bord. Jŭste à ce moment éclate un orage monstre. Heureusement nous n'avions pas de parapluies, car ils auraient été traversés... Nous abordons sous les regards d'une foule qui ne crie pas, ne bouge pas et semble piteuse. Ce n'est pas là l'Orient que je connais. La tournure des indigènes est la même que partout, sauf pour les hommes, des culottes à fond plissé, démesuré. Ce doivent être ces malheureux fonds de culotte qui assombrissent leur caractère.

M. de Cortange nous a retenu des chambres dans l'unique hôtel de l'endroit, mais pour la cuisine, il nous faut prendre nos repas chez lui, quoiqu'il soit célibataire. Il a d'ailleurs une excellente cuisinière hongroise, qui serait parfaite sans sa passion pour le poivre. Notre hôte est homme de ressources, plein d'esprit et de bonne humeur. Il ne nous cache pas que nous rencontrerons de grandes difficultés pour nous procurer les voitures et les chameaux, vu la saison.

28 décembre. — Gros ennuis avec la douane. Il faut télégraphier à Constantinople pour avoir la paix. Notre voiture est en bon état. C'est un vis-à-vis que j'ai acheté à Paris, étant prévenu que je ne trouverais point en Orient, à moins d'y mettre un prix fou, aucun véhicule suspendu, capable de résister aux cahots des montagnes d'Anatolie, et, comme Émilie ne peut monter à cheval, cette voiture nous est indispensable.

C'est Panayoti qui la remonte pièce à pièce, et il s'en tire bien; mais reste à installer une petite bâche pour nous mettre à l'abri de la pluie et de la neige, et cela ne va pas tout seul. De carrossier, il n'y en a pas; peut-être un forgeron fera-t-il l'affaire. Après deux jours de recherches, nous trouvons notre homme. Le gaillard est très bien disposé, il jacasse énormément, il m'appelle *Excellence* à tour de bras, seulement... c'est jeudi, et il ne travaillera pas demain, jour férié des Musulmans, ni dimanche, jour férié des orthodoxes, ni samedi qui, se trouvant entre deux jours fériés, est férié lui-même. Attendons à lundi.

29 décembre. — Négociations avec des chameliers et des voituriers. Il nous faut 16 arabas (chariots à bœufs, sans ressorts, avec bâche) et 38 chameaux. On nous demande des prix fous, deux mois de mon traitement et, dame, je n'ai pas d'indemnité de voyage ; alors je ne sais trop comment faire.

31 décembre. — Comme c'est la fin de l'année, le forgeron est toujours en fête. Panayoti va m'en chercher un autre dans la montagne, très habile, paraît-il, du moins c'est lui qui le dit. Cet homme demande 300 francs pour faire les barres de soutien de la bâche. Je l'envoie promener. Enfin, on me découvre un individu borgne qui, pour quatre pièces de cent sous, se charge du travail.

1er janvier 1895. — Grand'messe consulaire chez les Capucins italiens. Plusieurs résidents levantins (protégés de France) ont organisé une maîtrise où ils chantent de très passionnés airs d'opéras de Verdi. Ça va tout de même! M. de Cortange, étant agent consulaire, reçoit aujourd'hui beaucoup de visites. Quand on apprend que nous allons partir pour Sivas, on nous dit pis que pendre de ce « sale » pays. D'abord, pourrons-nous y arriver avec la neige?

2 janvier. — Départ de nos bagages en arabas et à dos de chameaux, derniers achats, ustensiles de cuisine, provisions de bouche ; le temps est froid, — 8°, mais superbe.

3 janvier. — Adieux à tous les amis. Ils nous dissuadent de nous mettre en route le lendemain qui est un vendredi, mais Emilie n'est pas superstitieuse pour deux sous.

4 janvier, 10 heures matin. — Payement à l'hôtel de la douloureuse et départ. On croirait que nous allons explorer des déserts. Toute la population est là. Nous formons une vraie caravane. En tête, 15 gendarmes à peu près vêtus, avec le fez sur la tête et des cordons de cartouches en écharpe. Ils sont commandés par un lieutenant à grandes oreilles, armé d'un sabre rouillé, et qui caracole. Ils n'emportent pas de vivres, c'est moi qui dois les nourrir.

Derrière, vient notre voiture qui a grand chic avec ses rideaux de tente. A droite et à gauche, nos deux cawas, Panayoti, élégant, très fier, l'air d'un officier russe, et un grand Circassien athlétique, Mehemet, en longue tunique rouge, la ceinture bardée de cartouches et de poignards comme Tartarin, mais l'air moins fendant. Panayoti et Mehemet tiennent leur carabine droit sur la cuisse. Derrière, suivent quatre arabas et leurs conducteurs : sur le premier le pavillon français, un beau pavillon de soie tout neuf qui claque au vent. Dans le deuxième est notre cuisinier, un Arménien embauché à Samsoun et flanqué de sa famille. Puis nos deux grands toutous gris, de l'espèce Bismarck, l'air un peu inquiets, embêtés comme s'ils se doutaient que la trotte va être longue, mais dignes pourtant et marchant en rang. Puis la voiture de la literie et celle de la cuisine.

La route se déroule pleine de fondrières, bientôt elle commence à monter. En avant, à la grâce de Dieu !

. . . .

Voici des caravanes de pauvres gens, des Chrétiens, je pense. Aussitôt les gendarmes, je ne sais pourquoi, courent sur eux, les injurient. Ils font du zèle, sans doute, pour avoir de moi un bon backchich à la façon des pachas ; je dois calmer mes cawas qui, pour n'être pas en reste, commençaient à donner du fouet sur les gens. Ah non ! mais je ne peux pas empêcher qu'ils ne crient à tue-tête que *Monsieur le Consul* veut passer. Il paraît qu'il y a nombre d'Arméniens et de Grecs parmi ces Chrétiens.

La pluie, une vraie pluie.

. . . .

A une heure, les secousses de la route nous donnent crânement faim, mais on ne mangera qu'à la halte. On monte toujours. Ici, nous disons adieu à la mer, mais sans phrases, car la faim nous tenaille. Enfin nous apercevons en bas, dans une étroite vallée, le khan où l'on s'arrêtera.

Le khan. — Des chambres en boue séchée, un sol en boue qui ne l'est pas — séchée! On ouvre les boîtes de conserves. Déjeuner frugal auquel les gendarmes font honneur. On croirait qu'ils ne mangent pas tous les jours... On repart, mais la pluie devient de la grêle, ce qui énerve les chevaux qui menacent de nous faire rouler dans les ravins, d'autant plus que les Ponts et Chaussées turcs considèrent les parapets comme de vaines superfluités. Que dirait mon père, s'il voyait cela(1)? Le cocher ma-

(1) M. Carlier père est un haut fonctionnaire retraité du corps des Ponts et Chaussées.

ronne, il dit que nous sommes trop chargés, et la pauvre Lucie doit nous quitter pour s'en aller dans un araba. Il faudra qu'elle reste là étendue sur le dos—la seule posture connue en araba — jusqu'à Sivas. Une autre gémirait. Elle, elle restera de bonne humeur tout le temps. A une halte, je lui demande si elle s'ennuie — car elle n'a pour causer que le conducteur, un Kurde farouche qui ne desserre pas les dents — la brave Bourguignonne, une payse d'Émilie, me répond : « Ah ben, m'sieur, j' cause avec le pavillon que je vois au travers de la toile ! » En effet, c'est sur son araba que flotte le drapeau. Gentille, cette idée !

Tchalla-khan. — La première de nos sept nuits en campagne. La chambre est en torchis. Elle n'a à sa fenêtre que deux carreaux sur six ; je suis furieux, mais Émilie observe avec sa douce tranquillité qu'elle pourrait n'en pas avoir du tout. Par exemple, impossible de faire du feu. Nous avions acheté à la *Ménagère* un réchaud perfectionné, mais nous avons oublié les mèches... Panayoti essaye d'en fabriquer une, l'officier de zaptiés aussi (son estomac y est intéressé), mais *pas mèche !*

Eh bien, on mangera froid .Et Panayoti de distribuer aussitôt la besogne à chacun, à l'officier comme aux autres. Il est étonnant d'aplomb. C'est le type du débrouillard. Il s'entend d'ailleurs très bien, quoique chrétien, avec Mehemet, Circassien musulman, qui subit sans rechigner son ascendant.

Je veux aller faire un tour dans le village, mais il paraît qu'il n'est pas sûr; alors l'officier commande une escouade et m'emboîte le pas. Zut! ça n'est pas drôle, une promenade pareille. Je les plante là.

Émilie fait connaissance avec le lit de camp, une toile et un maigre matelas. Elle prétend qu'on y est très bien.

Extinction des feux. Essayons de dormir.

— Hein? Qu'est-ce que c'est?

C'est Lucie qui, dans sa chambre, n'ayant rien qui ferme, a un peu peur, *peur des gendarmes!* Elle demande si Madame veut bien lui donner un chien. « Mais oui, Lucie, prenez-les tous les deux. — Oh! non, Madame, gardez-en un! — Pourquoi faire? *j'ai mon mari!* — Oh! Madame, si Monsieur entendait!...

Sous sa couverture, Monsieur a parfaite-

M. MAURICE CARLIER, CONSUL DE FRANCE A SIVAS

(Photographie prise à son arrivée par les missionnaires français.)

Mme ÉMILIE CARLIER ET SON FILS JEAN

(Photographie prise à Janina par un amateur italien.)

ment entendu ; aussi il proteste, Monsieur. Mais Émilie éclate de rire, Lucie aussi, et alors je me borne à un sourd grognement.

5 janvier. — Nous partons à 6 heures du matin, en pleine nuit, car l'étape sera très longue. Ça, vraiment, c'est dur de se lever encore tout courbaturé. Ma pauvre Émilie se sent bien lourde et bien dolente... Elle demande un quart d'heure de grâce. Pas moyen de le lui accorder.

Temps superbe, belle levée de soleil ; on monte, on monte toujours dans la neige. Panayoti prend un air tragique et roule des yeux furieux, son bonnet d'astrakan en casseur sur l'oreille, pour dire qu'à monter ainsi, nous arriverons au ciel avant d'arriver à Sivas. Il est très amusant. Il ne rit jamais, d'ailleurs.

Soudain un craquement, la voiture s'arrête net ; le cocher descend et s'arrache les cheveux. Qu'y a-t-il ? Il y a que le timon est cassé et il déclare qu'il ne peut pas continuer. Il réclame le timon de rechange. Panayoti le lui refuse, mais lui offre à la place les injures les plus variées ; puis il rafistole le timon avec des cordes, tout en déclamant comme un héros d'Homère ; cela fait, il ordonne au cocher de trouver idéal son timon rafistolé. Et nous voilà partis.

Enfin nous parvenons à une crête. Là une grande plaine, au fond Kawak. Nous apercevons un groupe nombreux de cavaliers, c'est le relai des gendarmes. L'officier fait ranger ses hommes, tirer les sabres, — le sien, il ne peut pas y arriver — et le nouveau cortège, après nous avoir salué, nous emboîte le pas.

Ce soir, cela me fera deux troupes à nourrir!

Nous croisons une caravane qui a 97 chameaux. Que de chameaux, bon Dieu! Un peu plus loin, tandis que nous grimpons une rampe assez raide, nous apercevons sur la colline en face un étendard tricolore qui s'agite. Vif étonnement. Que fait ce drapeau se baladant au milieu de ces rochers? Je prends ma lorgnette et reconnais le convoi de nos bagages parti avant nous de Samsoun.

Voici Amassia (1). Il y a là quelques religieuses françaises et italiennes. Nous les voyons arriver toutes désolées, confuses. Si au moins nous avions prévenu, on nous aurait

(1) Ville importante où, quelques mois plus tard, quantité d'Arméniens furent massacrés après des supplices horribles.

fêtés; mais le pays est si pauvre, si pauvre on n'a rien, Monsieur le Consul!

C'est justement pour cela que je n'ai pas prévenu. Au contraire, c'est nous qui invitons la supérieure. Ce sont des Oblates de l'Assomption. Ces bonnes dames, qui choient beaucoup Émilie, vont envoyer un exprès à l'étape prochaine. Elles nous disent tout bas qu'il faudra faire attention vers certain défilé. « On a *un peu* assassiné sur la route ces temps-ci. » Joli ce *un peu*... Drôle de pays!

7 Janvier. — A midi, le temps est superbe et doux. Les glaçons des bâches de la voiture fondent. Tous les buissons pourtant sont couverts de givre. Partout, on entend les perdrix rappeler. On les voit courir affairées. Malheureusement je n'ai que des balles, et tirer des perdrix à balle!

En arrivant au défilé, je fais, sans bruit, charger les armes pendant que je tâche d'occuper l'esprit d'Emilie par une conversation enjouée. Elle m'écoute gravement, puis, avec son calme ordinaire : « Tout cela, mon ami, c'est pour que je ne voie pas, n'est-ce pas, qu'on met des cartouches dans les fusils? »

Nous avons passé sans encombre. Allons, tant mieux !

A déjeuner, le lieutenant turc, à qui je passe poliment la boîte de confitures, se sert avec ses doigts... Il en a repris, le misérable !

Émilie a fait comme si elle n'avait pas vu...

Dejebel-khan. — Village circassien ; sur les terrasses, de jolies filles sans voiles.

A 3 heures, un cavalier arrive à toute bride. Il nous apprend que les Révérends Pères nous attendent de l'autre côté de la rivière.

Présentations. Très déguenillés, mais aimables, et émus jusqu'aux larmes de voir des Français, ces Révérends. Ils m'offrent l'hospitalité. Émilie et Lucie iront chez les Sœurs. Là, réception et acclamation par les élèves. Allocutions en français. Je dois, à mon tour, y aller d'un laïus. Je m'en suis bien tiré, à mon avis, mais Émilie trouve que, faiblard et rabâcheur, j'ai plutôt compromis le prestige.

Puis les visites, le Gouverneur, l'Archevêque arménien qui parle italien et m'appelle : *Sua Majesta*. Rien que ça ! Voyez donc un peu... et Émilie qui prétendait que je compromettais le prestige !

L'Archevêque nous engage à rester à Tokat. Il prétend que jamais nous ne franchirons les cols. Depuis huit jours, personne n'a pu passer, il y a un mètre de neige et des bandes de loups. C'est aussi l'avis des gendarmes et de tous les charretiers; mais Emilie, jusque-là, n'a pas trop souffert, et le temps presse. Vrai! nous serions frais, si elle me donnait un héritier dans la montagne!

9 Janvier. — Nous voilà à 2,000 mètres. La voiture entre dans la neige comme dans du beurre, les chevaux sont à bout et un des ressorts est faussé.

Tout le monde, les gendarmes, moi, Lucie, nous poussons à la roue. Émilie met la main devant ses yeux pour ne pas voir le précipice. Elle veut me faire croire que ça va très bien, mais elle a une fichue mine et elle claque des dents. Elle fredonne tout de même un petit air. Du moins, elle essaie...

Nous croisons les traces d'une grande bande de fauves, mais nous n'en voyons pas un seul.

Diable! Émilie ne chante plus. Le froid l'engourdit et elle s'endort. Je lui frotte les mains, la figure avec de la neige pour éviter la congélation. Le fait est qu'il y a 24 degrés au-dessous de zéro. Ça commence à compter.

. . . .

Entre nous, nous avons eu là un fichu moment!...

11 Janvier. — Un cavalier avec une escorte, figure fine, distinguée, un peu en lame de couteau, c'est M. Habib Suifi, un Syrien, drogman du consulat de France, venu au devant de moi. Nous approchons, en effet, de Sivas. Il m'informe qu'un peu plus loin, à une ferme modèle que vient de créer un Turc, jeune élève de Grignon, drôle de type, pas plus agriculteur que ma pantoufle, m'attendent les religieux français, le délégué du Gouverneur général, un colonel représentant le général de division, les notables et une garde d'honneur, sans compter les gamins, mendiants, etc. Les zaptiès forment leurs rangs et je prends un air de circonstance.

Voici la ferme modèle. Tout le monde descend. Je serre la main du consul Américain, mon seul collègue à Sivas, un homme qui paraît très doux, très las, ennuyé, pas Américain du tout. Voici un inspecteur des tabacs, Belge; l'agent de la Banque Ottomane, Belge;

le représentant de je ne sais quoi, Belge. Que de Belges! J'apprends qu'il n'y a pas un Français dans le pays, hormis les missions. Des Belges; moi qui suis de Dunkerque, c'est presque des compatriotes.

Nous entrons dans la ferme: sirops, cafés, liqueurs!... Comme tout ce monde paraît heureux de nous voir! On avait si peur de rester tout l'hiver sans consul de France. Très flatté, ma foi! Nous tâcherons de justifier la confiance.

. . . .

Et maintenant, en selle!

SIVAS. — Le campement d'été du consul.

SIVAS. — Le moulin de Riffat-Pacha sur le Kizyl-Irmack.

D'abord, 50 gendarmes à cheval, les cawas des deux consulats, quantité d'indigènes qui font fantasia et toutes les voitures de la contrée.

Bon Dieu! De la musique? Mais oui, un orchestre, un peu dépareillé, il est vrai. Un violon, une clarinette et un piston : la musique municipale de Sivas. . . . .

Et la population chante en chœur : « *Partant pour la Syrie, le jeune et beau Dunois...* » Bien en retard, ces bons Arméniens !... A moins que, comme on me l'a dit, ils ne soient testés très napoléoniens. Napoléon III avait des vues sur eux. Il voulait les employer à combattre les Russes.

. . . .

Pas propre, la ville! Nous approchons de ce qui sera notre domicile, une large maison banale à un étage. Mais crac, au tournant, le cocher accroche. Fureur de Panayoti. Mauvais signe!... Mais voici une autre musique qui éclate et couvre la musique municipale, c'est la fanfare arménienne (des jésuites), qui joue un pot-pourri.

Là, re-réception, re-sirops, re-speechs. Cette fois-ci, j'ai préparé mon affaire, il me semble que ça a du souffle, c'est presque beau. Non?... Décidément, elle est difficile, Madame la consulesse!

. . . .

Enfin seuls! Allah y Allah!... Tout de même, c'était un peu fou cette expédition; nous devions rester en route, et nous y serions restés sans l'énergie de ma femme. Elle m'a renversé... Personne ne veut croire que nous n'avons mis que sept jours à parcourir les 400 kilomètres de cet aimable trajet.

Nous voici au chef-lieu du vilayet, Sivas, sur le Kizyl-Irmack, 16,000 habitants, 1,300 mètres d'altitude, l'ancienne Sébaste, l'antique capitale de l'Arménie première, l'endroit historique où Pompée vainquit Mithridate, où Tamerlan fit une pyramide de cent mille têtes. Ouf !... J'ai eu tous les prix d'histoire au collège... Sivas, ma résidence, ou plutôt mon poste de combat, puisqu'il paraît que nous devons nous attendre à tout, dit M. Cambon. Il est vrai que, règle générale, quand on s'attend à tout, il n'arrive rien !

Demain, *Te Deum* chez les religieux et distribution solennelle, par moi, de diplômes de l'*Alliance française*, puis de médailles d'honneur aux cinq sœurs de Saint-Joseph-de-Lyon, braves filles, toutes des Françaises, sur lesquelles chaque année le typhus ou le choléra, attrapé à soigner les pouilleux indigènes, prélève quelque victime. J'ai l'ordre du ministre de leur dire « que le gouvernement français les admire ».

On peut toujours le dire..., n'est-ce pas ?

Puis commencera notre installation, nos visites, et alors, monsieur ou mademoiselle bébé, fera, je l'espère, sans encombre et surtout sans anticipation, ce qui serait parfaitement indiscret, son entrée dans le monde.

Allah y Allah !

MAURICE CARLIER.

JOURNAL

DE LA FEMME D'UN CONSUL DE FRANCE EN ARMÉNIE

Au camp, août 1895. — Nous avons fui jusque dans ce cirque de rochers les 39° à l'ombre dont le mois d'août gratifie Sivas. Le pays est désert, la roche toute pelée, faisant mal aux yeux ; comme ombrage, une forêt dont les arbustes n'ont pas trois mètres de haut. Aucun voisin, sauf le vali de Sivas, campé à une portée de fusil.

On ne peut guère se promener à moins d'être escorté des cawas armés, car il y a des rôdeurs; alors, à rester toutes les journées étendus sur une natte, Maurice et moi, le temps nous paraît long...

J'ai bébé, mais si petit ! et puis je ne le

nourris pas, à mon grand regret. C'est une vache noire du pays qui est chargée de ce soin, et notre bonne Lucie, jalouse de Jean à qui elle s'est déjà très attachée, n'aime pas me voir m'occuper de lui ; de sorte qu'il me reste bien des heures vides. A quoi les employer ?

Écrire à nos amis? Si je mettais beaucoup de mots turcs dans mes lettres, oui, on les lirait volontiers et l'on me répondrait peut-être de ces lettres bien longues, bien pleines, comme il fait si bon en recevoir quand on est au bout du monde ; mais je ne sais parler que de nous ; et notre vie est si différente de celle de nos amis de France !

Maurice prétend que nous verrons de graves événements à la *saison douce*, les Turcs, grands pillards, ne se livrant à ce passe-temps qu'en saison propice, quand il ne fait ni trop chaud, ni trop froid.

Notre camp est établi à 5 kilomètres de Sivas près de la chute du Kizyl-Irmack qui fait tourner un moulin arménien, mais appartenant à un pacha, d'où son nom de *Moulin de Riffat-Pacha.* Il n'est guère riant, ce moulin, au flanc d'une pente dénudée; simplement quelques hangars à toits très bas, avec des meurtrières, afin de pouvoir s'y défendre en cas d'alerte.

Nous avons six tentes toutes blanches, doublées d'andrinople, dont deux à nous et quatre louées au bazar à des prix comme on en inflige à un consul. Il y a la tente salon, la tente salle à manger, la tente chambre à coucher, avec une plus petite, toute voisine, pour Jean et Lucie, enfin la tente cuisine et celle des domestiques. De-ci de-là, une chèvre, quelques moutons, des poulets qui constituent notre viande de boucherie, pour les jours, comme aujourd'hui, où la chaleur est tuante et où je n'ose envoyer le bourricot à Sivas.

Grand silence toute la journée. Parfois des oiseaux de proie passent très haut en sifflant. On pourrait se croire en Savoie, sur quelque maigre plateau, n'était que tout le monde a un revolver à la ceinture...

Sivas. — La chute du Kizyl-Irmack
et la « forêt » arménienne.

SIVAS. — Paysage d'hiver : Élèves arméniens des écoles françaises traversant la passerelle qui conduit aux Missions.

17 août. — Aujourd'hui, le cuisinier nous rapporte de méchants bruits. Il paraît que, du côté de Van, où nous n'avons pas de consul, on aurait égorgé beaucoup de chrétiens. Est-ce vrai ? En Orient on exagère ; cependant il y a quelque chose dans l'air et il faut tout attendre du *Grand Assassin*. On le dit de sang arménien et persuadé que les Arméniens le tueront s'il ne prend les devants (1).

A Sivas, nous avons déjà eu une alerte. Le mois dernier, un jour que j'étais seule là-bas dans ma chambre et bébé parti à la promenade, j'entends une rumeur de foule, je regarde et je vois quantité d'arméniens qui courent. Je demande ce que c'est, on me répond qu'ils vont demander à l'évêque grégorien (2), qui demeure non loin du

(1) On sait qu'un noble écrivain, généreusement dévoué à la cause des malheureux Arméniens, M. Vandal, flétrit Abdul-Hamid du nom de *Sultan rouge*. L'expression est devenue aussi célèbre que celle de *Grand Assassin*, mais, pour M. Gladstone, on cite l'auteur, pour M. Vandal on l'oublie...

(2) En réalité archevêque, ainsi que son collègue catholique, Mgr Hadjian, dont il va être parlé plus loin.

Consulat, de protéger des prisonniers politiques que les zaptiés ont à moitié assommés.

Tout d'un coup s'élèvent des cris aigus. Un groupe de petits Turcs, venant en sens inverse, s'est battu avec de jeunes Arméniens; ceux-ci se sont dispersés, mais l'un d'eux a reçu un formidable coup de couteau à la tempe. Il est étendu sur le sol, les Turcs passent en riant; quant aux Arméniens, ils sont revenus à pas comptés, l'air effaré, mais regardant le blessé sans le secourir.

Et l'enfant crie toujours et son cri est affreux! Je descends, la foule se découvre, s'écarte, et je prends par les deux bras l'enfant et le traîne au Consulat.

Il paraît que la foule fut étonnée, — plus encore de voir arriver bientôt le médecin, le docteur Karakine Ekimian. Le médecin du Consulat mandé pour un enfant pauvre!

Le docteur a réclamé quelqu'un de bonne volonté pour tenir le blessé, tandis qu'il va lui recoudre le front, dont un lambeau pend sur l'œil du pauvre enfant, mais on a ri et l'on ne s'est pas dérangé. Je ne voudrais pas demander à Panayoti, si fier, quelque chose qui n'est pas dans son emploi, et d'ailleurs je sais en quel mépris il tient les Arméniens. Alors je m'offre. Je ne risque rien, ma robe est déjà pleine de sang, seulement je n'ose guère regarder. Quant au garçon, il ne crie pas un instant : ces gens-là sont étonnants de dureté.

Deux heures après, en partant, le gamin gambade, tenant à bout de bras une pièce d'argent.

Les parents, qui le croyaient mort, en avaient, paraît-il, déjà fait leur deuil, mais, tout de même, la population prend en estime la « consulesse », — du moins à ce que prétendent les Sœurs, qui ont appris mon « exploit » par la rumeur publique.

Après cela, je ne voulus plus laisser sortir bébé, mais Maurice m'assura avec tant d'énergie que jamais on ne toucherait à un cheveu de notre Jean que je me laissai persuader. Je n'ai pas eu à le regretter. Tout de même, c'est moi qui ai préféré venir ici sur ce plateau...

18 août. — Notre vie continue à être paisible. Jean se porte admirablement. Le docteur vient le voir souvent et sa visite nous distrait, car il est beau parleur, mais il ne nous apporte guère de nouvelles. Il y a si peu de vie à Sivas ! Un seul consul étranger, M. Jewett, consul des États-Unis, un homme aimable, un peu éteint, qui ne parle guère que musique, ce qui n'est pas de ressource ici... Quant aux familles arméniennes cultivées, même celles-là nous sont, je l'avoue, peu sympathiques. Quelle âpreté à l'argent !

30 août. — Bébé grandit. Il va falloir lui confectionner des vêtements, car ceux expédiés de France par les tantes et grand'mères n'arrivent pas. Ils auront dû être volés en route, et je ne peux pourtant pas habiller un petit Français en Turc ou en Arménien.

La chaleur est intolérable. Il n'y a plus un brin d'herbe et la vache est malade.

19 septembre. — Nous avons eu une alerte. Vers une heure du matin, la nuit étant très noire, nous avons été réveillés par les grognements des chiens. Comme ces grognements augmentaient, Maurice s'est levé, a armé son revolver, et, relevant sans bruit le pan de la tente, s'est glissé au dehors. Il a trouvé bientôt Panayoti, son fusil à la main, qui cherchait à sonder les ténèbres. Le cawas a dit que, depuis un moment, il voyait rôder des ombres. Même il avait poursuivi une de ces ombres, puis s'était arrêté, craignant d'être entraîné dans une embuscade. Lui et Maurice sont alors partis ensemble; je les ai entendus s'éloigner, et le cœur me battait bien fort... Leur ronde est restée infructueuse, et pourtant les chiens n'arrêtaient pas de gronder.

Ce matin, par un berger arménien, nous avons appris que c'était Panayoti qu'on voulait tuer. Impossible d'obtenir plus de détails. Il n'ose pas parler, le berger! Sont-ce des Kurdes, des Circassiens, des Turcs?

— Sais-tu ce que cela veut dire? me dit Maurice. Tout simplement que bientôt on va massacrer, et que je gêne, car ils savent bien que je me mettrai en travers; or, si je perds Panayoti, je ne le remplacerai pas.

Vois-tu, assez de villégiature. Rentrons à Sivas !

27 septembre. — Sivas. — Nous n'avons pas eu de chance pour notre retour. Un orage nous a surpris, la température est glaciale, et Maurice, qui a pris froid, tousse.

29 septembre. — Le beau temps est revenu aussi brusquement, et nous étouffons dans la poussière malsaine de la ville ; mais il vaut mieux être ici, car, certainement, il se prépare quelque chose...

D'abord les Arméniens semblent très montés. Ils rêvent de se soulever, ce qui exaspère Maurice, qui ne comprend jamais les révoltes, lui, soldat discipliné.

Jean est en pleine crise ; il pleure, ses gencives sont gonflées et très rouges, et il serre ses doigts avec rage, puis il se calme et reprend son air souriant.

1er octobre. — Nous apprenons de Paris qu'au ministère, on trouverait tout naturel que Maurice, étant nouveau marié, réclamât une résidence plus confortable à une altitude moins extravagante ; mais il me déclare que, pour rien au monde, il ne voudrait demander un changement au moment où les choses se gâtent. « Au surplus, me répond-il, je ne suis pas, moi, désireux de rester quand même à Sivas, l'ambassadeur est le meilleur des hommes, il avisera... » Mais justement comme M. Cambon m'a dit qu'il aimait les hommes énergiques qui se tirent d'affaire tout seuls, je ne suis que trop certaine qu'on

Le monastère catholique qui fut attaqué par les musulmans.

Le cawas Panayoti conduisant le petit panier de Mme Carlier.

ne nous changera qu'après la bataille; alors attendons!

2 octobre. — L'effervescence augmente dans le pays. Il y a eu des rixes, le sang a coulé. Ces pauvres Arméniens sont-ils pris de folie? Ils crient très fort. Leurs comités ont des armes. Mais sur quels secours peuvent-ils bien compter?

Oui, je sais, ils se rappellent notre expédition de Syrie. (J'avoue, qu'avant de venir ici, je n'en avais jamais entendu parler.)

Ils sont persuadés aussi que les États-Unis sont bien plus puissants que les Anglais, lesquels, soit dit en passant, après leur avoir fait de grandes promesses, les avoir même quelque peu poussés à se soulever, ne s'occupent plus d'eux, n'ont même plus de consul à Sivas.

3 octobre. — Maurice, sorti ce matin, est rentré très soucieux. Je n'ai pu lui arracher un mot, puis soudain en déjeunant : « Ma petite, écoute la consigne : tu pars demain avec Jean. — Ah, bah !... et pourquoi? — Parce que l'on va se battre et que, si je dois ma peau au gouvernement, je ne lui dois pas celle de ma femme et de mon Jean-Jean. »

Je me suis mise à rire : « Moi je ne vois pas si noir que toi, et puis je te réponds que rien au monde ne me fera m'éloigner quand tu crois qu'il y a quelque danger. »

Maurice restait le sourcil froncé, mais il n'a pas insisté. Il s'est mis à tourner autour de la table en tordant sa moustache, puis il est venu m'embrasser.

14 octobre. — Ça approche. On s'est tué aux environs, dans les villages. Aussi, je presse Maurice d'organiser sans retard notre défense. Lucie et moi, emplissons de sable des sacs pour boucher les fenêtres. Puis Panayoti m'a fait une cible dans le jardin et m'apprend à tirer à la carabine et au pistolet. Lui, ça lui va assez de sentir la poudre. Moi, les premiers coups, je détournais la tête, si bien que j'ai failli lui tirer dans la figure ; maintenant je ne tire pas trop mal.

5 novembre. — Les détails qui nous arrivent prouvent que ce ne sont pas les Arméniens qui se soulèvent, mais bien les Musulmans qui assassinent et pillent.

Karahissar, Zara, Divreghi sont en flammes. On y a tout massacré, sauf quelques centaines de très jeunes enfants, laissés là au milieu des ruines. Ils vont mourir de faim, si les fauves ne les ont pas déjà dévorés. Malheureusement nous ne pouvons envoyer personne là-bas. Les gens sûrs, nous les comptons, Panayoti et le second cawas,

Mehemet ; et encore, celui-ci, un colosse peu intelligent, a besoin que l'autre le dirige.

Nous faisons au bazar de grandes provisions, car, s'il y a pillage, comme presque toutes les boutiques sont arméniennes, il ne restera rien. La situation devient inquiétante. Chaque nuit, nous nous attendons à être surpris par la fusillade, aussi nous ne dormons pas. Seule notre bonne Lucie garde son tranquille sourire : « Mais non, madame, c'est pas possible, jamais le bon Dieu ne permettrait ça ! »

7 novembre. — Je suis allée voir les Pères jésuites (1) et les sœurs qui demeurent dans un quartier très éloigné, de l'autre côté du konak du vali, au delà du quartier musulman (les deux missions d'ailleurs assez loin l'une de l'autre). Je leur ai dit que Maurice les engageait à faire des provisions et à s'armer.

— Nous armer ? non, madame, m'a dé-

(1) Leur mission dépend de la maison générale de Lyon. Les Sœurs (ordre de Saint-Joseph) sont également de Lyon.

claré le supérieur. Le Seigneur a dit : « Tu ne tueras pas. » — Mais on vous tuera! — Nous sommes dans la main de Dieu. — Les sœurs sont moins calmes, moins résignées, mais elles n'osent pas toucher à des armes.

Maurice signale à Constantinople que ça va mal. Heureusement que nous avons le télégraphe! Par un des employés, on a su que le consul de Diarbekir, M. Meyrier, fait passer de très mauvaises nouvelles, mais mon mari garde sa bonne humeur. Pour lui, il estime qu'à moins d'un ordre formel du sultan, ordonnant les massacres, il n'y aura rien de bien terrible, Musulmans et Arméniens étant, à son avis, aussi lâches les uns que les autres. Ne les voit-on pas s'injurier toute la journée sans même se colleter?

Me dit-il bien tout ce qu'il pense? J'en doute, car il s'est mis à m'apprendre à chiffrer des dépêches.

10 novembre. — J'apprends par hasard que les massacres sont commencés à Erzeroum. Maurice ne voulait pas me le dire. J'ai peur surtout de ce qu'il me cache...

11 novembre. — On vient nous rapporter que M. Meyrier, se croyant sur le point d'être mis à mort par les Turcs, aurait télégraphié sa grande détresse à l'ambassade, sur quoi M. Cambon aurait lancé lui-même au vali cette menace : « Votre tête tombera si mon consul périt. » Cette rumeur m'épouvante, mais Maurice me jure qu'il n'y a pas d'exemple qu'un consul enfermé dans son consulat ait été frappé, ait même vu son consulat forcé, sa maison regorgeât-elle de réfugiés. Ces rumeurs ne sont donc pas sérieuses (1).

Alors je veux lui faire promettre qu'il ne fera qu'ouvrir sa porte aux Arméniens, mais que ni lui ni les cawas, quoiqu'il arrive, ne sortiront.

Maurice hésite, puis me répond assez évasivement : « Il faudra avant tout que la rue reste libre, sans quoi il ne serait pas sérieux de tenir notre porte ouverte. »

Je suis bien inquiète. *Libre?* Jusqu'où?...

(1) Voir aux documents annexes.

Par quels moyens ?... On ne peut pas s'imaginer l'énervement d'une pareille attente...

Inouïe la façon dont les tueurs ont commencé à Erzeroum ! Ils ont égorgé, dans son bureau, un agent de la mairie, un Arménien, puis lui ont rasé la barbe et maquillé la figure. Alors ils l'ont habillé en Turc, puis ont promené son corps par la ville en hurlant : « Vengeance ! Vengeance ! » Aussitôt soulèvement du peuple.

12 novembre. — A onze heures, nous apprenons que les deux évêques, grégorien et catholique, ont réuni dans l'église, près de nous, les principaux marchands pour les inviter à ouvrir leurs magasins, que ceux-ci n'avaient pas osé ouvrir ce matin, tant il leur semble que le moment fatal est de plus en plus imminent.

A midi précis, nous chiffrions une dépêche, Maurice et moi, Jean jouait dans le bureau, au rez-de-chaussée, sur la cour, quand retentit le pas rapide de Panayoti, qui, ouvrant la porte, saute sur son fusil : « Cette fois, ça y est ! »

Vue du quartier des missions à Sivas. — Le quartier du consulat est au fond vers la droite.

Lucie, Bébé, Panayoti et le dogue Porthos.

— Quoi? fait Maurice se levant en sursaut, tandis que moi je saisis bébé.

— Le clairon sonne au konak du vali! Le bataillon Hamidié charge au bout de la rue, ils marchent au bazar. Tenez, les entendez-vous? »

Et, aussitôt, quantité de coups de fusil.

Maurice, d'un bond, est dans sa chambre, endosse son uniforme, saisit sa carabine et se met à la fenêtre. Il distribue ses ordres : « Toi, Panayoti dans la rue! Toi, Mehemet à l'église! »

Je confie bébé à Lucie qui, vite, dresse son lit à elle debout devant la fenêtre pour en faire un abri contre les balles. Elle n'a pas dit un mot, mais elle a bien sa tête, ma brave payse. Je peux compter sur elle!

Maurice monte sur la terrasse. De là, nous entendons une fusillade terrible. Par instants, des bruits plus sourds. Je crois que c'est le canon. Maurice dit que ce sont des feux de peloton.

De tous côtés, on entend des cris désespérés, des râles, des hurlements. Cela dure vingt minutes. Puis tout se tait.

Maintenant un silence de mort. Mon mari redescend lentement. Il est exaspéré contre ces bandits. Je le supplie de rester calme.

Sur son ordre, je prends les munitions et les descends en bas, dans le bureau, où sont les armes.

Panayoti, qui garde la rue tandis que Mehemet fait la navette du Consulat à la ruelle allant à l'église où il y a 2,000 Chrétiens bien enfermés, nous jette de brèves nouvelles. On a tout tué dans le bazar. Pas un Arménien n'a survécu. Quelques-uns s'étaient réfugiés dans un entrepôt, mais la troupe a fait une sape par en dessous. Elle les tue, en ce moment, à coups de baïonnette : c'est pour cela qu'on n'entend plus de bruit. Les soldats repassent au bout de la rue chargés de butin, les mains en sang. Deux officiers sont suivis chacun par un hamal (porteur).

Mon mari me dit : « Je ne peux pourtant pas rester sans savoir ce que deviennent mes nationaux ! » Tout d'un coup, il pense qu'on va peut-être, de là-bas, lui faire des signaux !

Il monte vite sur la terrasse. Je le suis. Quelques balles sifflent au loin. Nous ne voyons aucun signal.

Soudain Maurice me dit : « Ah çà! qu'est-ce qu'il fiche, celui-là, en face? » Je regarde, il me montre à trente mètres, à la lucarne d'un grenier, une tête d'Arménien, et, tout contre, un fusil. Brusquement il me repousse, une balle passe, tandis qu'un peu de fumée sort de la lucarne.

— Oh! oh! c'était pour moi, fait Maurice. Bizarre!... Bah! nous éclaircirons ça plus tard. Armons les domestiques, — les soldats turcs ont fini, ils sont gorgés; maintenant, c'est la populace qui va donner. »

Les domestiques refusent en tremblant les armes que nous leur offrons.

A ce moment arrive comme un fou, les vêtements en lambeaux, le docteur Karakine, qui a échappé à une bande de forcenés; on saccage sa maison. Aussitôt qu'on l'a vu entrer chez nous, voilà que de partout nous accourent des Arméniens, les mains pleines d'objets précieux. Ils se bousculent, crient, tombent.

Ils nous remercient avec effusion. On savait que le consul américain avait fermé sa porte et s'était barricadé, et l'on craignait bien que le consul de France, qui passe pour peu commode et est mal avec les évêques, fît de même.

Il en arrive encore par-dessus les murs. Il y en a des centaines, plein le jardin, plein la cour, plein les appartements. Mon mari fait mettre les couleurs en berne, *grand péril!*

— Allons, fait-il, sauvons d'abord la famille de Suifi.

M. Suifi, le drogman, est Syrien; il ne court donc qu'un faible danger à circuler, mais il a perdu la tête. C'est Mehemet, le deuxième cawas, le Circassien géant, qui part tout seul — Panayoti gardera à la fois la rue et l'église — à la recherche de sa famille.

A ce moment, tout près de nous, un grand cri : un Arménien qui se sauvait est massacré.

Une troupe de ces bandits arrive sur nous criant : « A l'église, à l'église! » Maurice me dit : « Tire, mais en l'air, il ne faut pas en tuer! » Nous tirons tous les deux.

Au bruit, tous nos Arméniens hurlent épouvantés et se jettent à plat ventre ou se tassent dans les coins. Je n'ose dire dans quel état de saleté est bientôt la maison. Jusqu'à mon salon, mon pauvre salon!...

Voilà maintenant les deux archevêques, le vieux grégorien défaillant, porté par ses prêtres, et le catholique. Sur leur visage est peinte une épouvante sans nom. Ils répètent : — Sauvez-nous! sauvez-nous!

— Mais, répond Maurice, vous voyez bien, Messieurs, que ma maison regorge, où voulez-vous que je mette encore les deux ou trois mille que vous êtes?

— Oh! répond Mgr Kadjian, *ils* peuvent rester dans l'église : *seulement nous deux.*

Mon mari, stupéfait de ce qu'il vient d'entendre, me regarde, secoue la tête, et alors d'un geste fait signe aux prélats qu'ils peuvent entrer... (1)

(1) « Épouvantés, les deux prélats quittent l'église et se réfugient chez le Consul, qui demeure dans le voi-

— Ce n'est pas tout cela, me dit bientôt Maurice, Mehemet ne revient pas. Il est peut-être tué. Il ne nous reste que Panayoti; n'importe, la sûreté des nationaux avant la nôtre! Je vais l'envoyer dire au vali que je lui ordonne de protéger les missions françaises.

— Panayoti! crie mon mari par la fenêtre.

Le brave garçon accourt. Maurice lui indique ce qu'il va dire.

— Bien, fait l'autre sans broncher, j'y vais.

— Tâche d'en revenir!

Le cawas s'éloigne.

— Allons, fait Maurice dont le danger excite la verve, madame Carlier je vous nomme premier cawas. Vous allez garder la porte du Consulat. Moi, je continue à surveiller d'en haut la ruelle qui mène à l'église. » Puis, regardant tout ce monde qui nous écoute : « Et dire que pas un des cinq

sinage. Là, *quoiqu'en sûreté*, ils sont terrifiés... » (Lettre d'un missionnaire, *Bulletin de l'Œuvre des Écoles d'Orient*, 1896.)

cents... qui nous encombrent, n'est capable de prendre un fusil! »

Le fait est qu'ils sont tous là, gémissant, pleurant...

A ce moment, j'entends encore Maurice qui tire. Je sors devant la porte, la rue est vide, sauf au fond, près de la ruelle. Je tire au hasard tant que mon mari tire. Mais bientôt un groupe de furieux s'avance et lance vers nous, avec une force terrible, des haches à toute volée. J'ai très peur, je recule. Les haches rebondissent avec des étincelles sur les cailloux. J'ai bien cru que c'était fini... Et puis ils sont partis.

Le gros du danger paraît passé, car voici Panayoti qui reparaît sain et sauf. Il est entré crânement chez le vali en écartant les baïonnettes. Alors, le regardant bien dans les yeux, il lui a ordonné, de la part du *Consul de France*, — et il faut voir comme il prononce ça! — d'envoyer immédiatement des détachements aux missions et d'arrêter les tueries. Il a réussi. Le général et le vali se sont regardés stupéfaits. Des zaptiés sont partis en

JANINA. — La barricade du consulat russe. — Entre les deux cawas albanais, le fils du consul.

courant. Dans dix minutes nous aurons, nous aussi, une garde, et même des patrouilles vont être faites.

— Très bien, fait Maurice, parfait! Voilà de la bonne besogne; seulement alors, puisque c'est fini aujourd'hui, je ne veux plus tout ce monde de... Panayoti, renvoie-moi ces gens qui prennent ma chambre pour... Comment, d'ailleurs, ne comprennent-ils pas qu'on va bien plutôt piller et brûler les maisons vides?

En maugréant, les Arméniens sortent. Quelques-uns plus intelligents disent que le consul a raison. Restent seulement dans le salon Karakine, deux ou trois notables, quelques femmes — et les deux évêques, lesquels se prévalent encore une fois de leur dignité. Impossible d'ailleurs de leur remonter le moral. Et M. Suifi continue à me dire, avec des yeux fous qui lui sortent de la tête :

— Oh! madame, madame, nous sommes perdus!

Je crois que je lui ai dit des choses bien dures, trop dures...

Tout notre monde a très faim. Je vais à la cuisine avec Lucie allumer du feu, et nous en revenons, au bout d'un quart d'heure, avec un soi-disant beefsteak qui sent la fumée. Maurice ouvre une boîte de sardines. Nous nous mettons à table avec les évêques, mais presque aussitôt la fusillade éclate assez près de nous. Toujours des bandes qui veulent aller à l'église et que disperse Panayoti. Par trois fois mon mari va faire le coup de feu dans la rue.

Puis il s'asseoit au piano et attaque une

ardente *Marseillaise* pour donner de l'appétit à ses hôtes, qui « ont des têtes à porter le diable en terre ».

Enfin arrive un lieutenant de zaptiés avec vingt-cinq hommes.

Mais ils ne nous inspirent guère, ces gendarmes! Mon mari ne veut pas d'eux dans la maison à cause de nos réfugiés. Il exige qu'ils restent au milieu de la rue, tournant même le dos à la maison. Ça ne fait pas du tout leur affaire, ils grognent, mais, quand Maurice ordonne, il faut qu'on obéisse.

Tout de même, que devient notre brave Mehemet? C'est inquiétant. Maurice exige de l'officier qu'il envoie trois hommes à sa recherche et qu'ils le dégagent, s'il est bloqué quelque part.

. . . .

Enfin le voilà, avec la sœur et les neveux de M. Suifi. Ils se mettent à table aussi. Ils finissent le beefsteak raté et les sardines.

— C'est bien, Mehemet, fait Maurice; maintenant retourne à l'église et reconduis chez eux les Arméniens disposés à partir...

Va, serre ton ceinturon, mon garçon, je ne déjeune pas non plus!

Le grand Circassien y part. Quelques musulmans, ses camarades de café, le voyant passer, sortent d'une maison et lui offrent de venir piller avec eux ; piller et... le reste ; il refuse.

Toujours des coups de feu de plus en plus loin. Je vois passer des musulmans chargés de butin : des soieries superbes, des étoffes brochées d'or.

Maurice ordonne d'arrêter tous les pillards qui se permettront de passer devant le Consulat français. — Il arrivera ce qui arrivera, mais on ne nous manquera pas de respect!

Dans la soirée, Panayoti apprend que les Sœurs et les Pères sont absolument sains et saufs. La populace continue à piller surtout les maisons désertes. Cette populace a commis des atrocités. Comme elle n'avait pas d'armes, elle assommait ses victimes à coups de matraque, de barre de fer, ou leur écrasait la tête entre des pierres, — ou encore allait les noyer dans la rivière devant leurs femmes muettes de terreur. On a vu ainsi passer des Arméniens qui n'essayaient pas de se défendre. On les déshabillait et on les mutilait horriblement avant de les tuer (1).

(1) Le conseil de réintégrer leurs demeures, donné par M. Carlier aux Arméniens, pourrait sembler peut-être bien hâtif. Mme Carlier nous en a expliqué les motifs, tels que son mari les lui donna à elle-même : « Combien sont-ils chez moi ? Quelques centaines sur six mille, généralement les plus riches. Dans un coup de panique ils ont abandonné leurs maisons où il reste des infirmes, des malades, parfois des enfants au berceau, et aussi des marchandises, des meubles. Depuis midi je suis en lutte contre la populace, une lutte qui eut mal tourné, n'était mon ascendant moral. Et puis est-ce que je peux protéger les maisons vides ? On les dévalise en ce moment. Demain on en arrachera jusqu'aux portes, jusqu'aux fenêtres, après-demain on les incendiera. Et, dans un pays où le froid est si terrible, vois-tu ces malheureux sans toit ? Eh bien, qu'ils reprennent un peu de cœur, morbleu ! qu'ils sortent leurs grands coutelas et tiennent les Turcs en respect ! Après tout il n'y a jamais eu de sécurité dans ce pays, et les chrétiens ont toujours dû y user de la force pour subsister. »

Il est certain que M. Carlier était bien inspiré. Il n'y eut pas d'incendies. D'ailleurs en feuilletant le *Livre Jaune* et aussi le *Blue book*, on voit que presque partout les consuls tinrent le même langage aux Arméniens, qui se trouvèrent bien du conseil.

Moi, je peux m'occuper maintenant un peu de bébé. Il paraît qu'il n'a pas eu peur. A un moment de terreur, nos réfugiés ont voulu forcer sa porte, et Lucie et Jean allaient être piétinés, — car ils s'étaient couchés par terre, afin d'être mieux à l'abri des balles, — sans Porthos et Minka, dont les crocs menaçants ont tenu en respect les envahisseurs.

Pendant que Lucie est descendue traire la vache, je tâte les gencives de bébé et je m'aperçois qu'il a percé sa première dent. Quelle joie! Je cours chercher Maurice qui vient embrasser son fils.

A ce moment, Minka se mettant à gémir dans son coin, je vais voir et j'aperçois sous elle cinq petits nouveau-nés.

J'apprends qu'à six heures, les muezzins, du haut des minarets, ont félicité le peuple d'avoir bien massacré.

13 novembre. — La journée s'annonce plus calme, bien que quelques coups de feu éclatent encore par instants. En somme il doit y avoir eu environ 1,200 tués, mais plus de cinq mille sont saufs, tout le quartier autour de nous est resté intact. Panayoti, qui voit que les évêques et toute leur suite nous encombrent, les engage à retourner chez eux; ils ne veulent pas comprendre et restent étendus dans leurs fauteuils. Alors mon mari leur explique combien leur attitude est regrettable; elle semble un avis officiel qu'il ne faut pas reprendre la vie normale, qu'il y a encore du péril.

— Mais! il y en a, monsieur le Consul.

— Possible! mais il ne faut pas paraître s'en douter.

Alors ils partent, mais l'un d'eux, Mgr Hadjian, jette l'anathème sur notre maison qui, en le chassant, va être sûrement cause de sa mort.

A peine sorti, il rentre. La protection d'un cawas ne lui suffit pas. Son collègue grégorien a eu des zaptiés, il en veut aussi.

— Prenez! dit Maurice.

Le prélat prend tout ce qui reste, quinze!... Si bien que nous voilà seuls, ce qui ne l'empêche pas de répéter d'une voix qui tremble

SIVAS. — Deux chefs de massacreurs et un de leurs hommes.
(Photographie faite par le supérieur des missions françaises.

Izzet-Bey, secrétaire favori du sultan, organisateur des massacres d'Arménie.

de colère : « Vous m'envoyez à la mort ! Votre nation aura mon sang sur sa honte! » (1)

Délivré de ces hôtes gênants qui, jamais, ne lui auraient permis de s'éloigner, mon mari, dès le retour du premier détachement de zaptiés, m'annonce qu'il va avec ses deux cawas visiter les Sœurs et les Pères. On lui a dit qu'ils sont sauvés, mais il veut le constater de ses yeux. Il engage M. Suifi, son drogman, à s'armer, puisqu'il représente la France en son absence, mais M. Suifi, affolé, le supplie de rester. Mon mari hausse les épaules :

— Rassurez-vous, monsieur, ma femme vous défendra !

Le docteur Karakine n'a guère plus de sang-froid ; mais lui, du moins, sait que sa tête est mise à prix. Ce qui me paraît inouï, c'est l'horreur de tous ces Levantins pour les armes à feu.

Pendant toute l'absence de Maurice, je reste à la fenêtre d'en haut, surveillant les

(1) « Quinze soldats durent escorter Mgr Hadjian jusqu'à sa résidence. » (*Lettre d'un missionnaire*, *loc. cit.*, 1896.) Ce prélat est toujours en vie... (1903).

soldats qui traînent devant la maison leurs bottes crevées et leurs pantalons à jour.

Passe le vali, très escorté, qui, en souriant, me salue de la main, ses officiers du sabre : « Comment, madame, vous avez consenti à ce que le Consul s'éloigne? Vous reconnaissez donc que mes Turcs ne sont pas dangereux? — Non, dis-je, en montrant le revolvér, quand on a cela, pas dangereux! »

Le vali ne sourit plus Il s'éloigne, en m'assurant qu'il va mettre l'ordre en ville.

Mon mari rentre. Il paraît qu'on tue encore, mais seulement dans les fermes éloignées. Quant aux Missions, elles n'ont pas été forcées, mais les portes ont été criblées de balles et de coups de hache. Les Sœurs ont recueilli beaucoup d'enfants et les Pères un grand nombre d'hommes (1).

Beaucoup plus brave que son chef, le curé catholique n'a pas hésité à recueillir et pro-

(1) « Nous avons été protégés, les Sœurs et nous, d'une manière admirable. » Lettre d'un missionnaire de Sivas (*Bulletin de l'œuvre des écoles d'Orient*, 1896).

téger dans son église, pourtant assez isolée, un certain nombre d'Arméniens, qui justement se trouvèrent être, pour la plupart, des grégoriens ou des protestants.

A ce moment, tandis que nous causons, mon mari voit passer un pillard attardé qui nous nargue, sa cigarette à la bouche. « Arrêtez ce coquin ! », crie-t-il à un soldat. Le soldat ne bouge pas. Maurice ne fait qu'un bond, lui colle le canon de son revolver sur le front. Alors le soldat, en maugréant, saisit le pillard, qu'il conduit au vali. Maurice dit aux autres qu'ils devront profiter de la leçon ; mais un grand gaillard lui répond : « C'est dégoûtant ! tous nos camarades sont riches, nous, nous n'avons rien pu gagner. Vous nous faites tort ! » Un autre qui a une tête féroce, dit entre ses dents : « Le fagot qui va brûler votre Karakine est tout prêt ! »

Que dire ?

Maintenant que le calme est revenu, Maurice met Panayoti au courant de la tentative d'assassinat de l'Arménien d'en face, la veille.

— Bien, fait Panayoti tranquillement, en tâtant sa ceinture, je vais le tuer, n'est-ce pas?

— Je te le défends, mais tâche de savoir pourquoi il m'en veut. Il doit avoir, ma parole, la tête un peu dérangée!

Pendant ce temps, comme tous les boulangers ont été égorgés, on n'a plus de pain. Il faut en faire. Alors le cuisinier, moi, Lucie, retroussons nos manches et nous nous mettons à pétrir. C'est brisant.

Panayoti revient, l'air farouche, et s'en va causer avec mon mari. Il paraît que l'Arménien a tout avoué. Oui, il s'est dit que, si son Consul était tué, on croirait que c'est par les Turcs, et alors la France enverrait son armée le venger — et sauver, du même coup, la nation arménienne. Panayoti a d'abord fait mine de l'étrangler. L'Arménien alors s'est traîné à ses genoux en suppliant.

— Voilà! et alors qu'est-ce que décide monsieur le Consul?

— Je décide, mon ami, qu'il ne faut rien dire. Si on le savait, on le brûlerait vif...

— Il l'a mérité.

— ... Mais alors la populace égorgerait, soi-disant pour me venger, tous les autres Arméniens. Non, l'air est mauvais sur la terrasse, je n'y remonterai plus, voilà tout !

Le soir. — Discussions aigres de mon mari avec les prêtres grégoriens, qui ne veulent pas assister à l'ensevelissement de leurs morts pour lesquels on a creusé d'immenses tranchées. Étant mariés, ils ne se soucient pas d'exposer leurs enfants à devenir orphelins. Et puis, ils voudraient être payés...

14 novembre. — A neuf heures du matin, la fusillade recommence. Heureusement, c'est encore très loin ; soudain, tandis que la porte est ouverte et que nos gardes sont dans la cour, leurs fusils restés devant la maison, une bande hurlante arrive. Je tenais bébé, je n'ai que le temps de le jeter sur le lit, de saisir une carabine et de tirer au hasard, en appelant. Aussitôt nos soldats sortent et peuvent reprendre leurs fusils qu'on allait enlever, tandis que Maurice et le cawas font un feu roulant. Cette fois, plusieurs hommes tombent, leurs camarades les emportent tout sanglants. Ils s'éloignent, affolés, en criant : « N'allez pas au Consulat, il y pleut du feu ! »

La matinée se passe sur le qui-vive. Meurtres et pillages partout. Ce n'était pas la troupe mais des montagnards du dehors. Il paraît que les bords de la rivière sont couverts de cadavres.

Dans certains endroits, les assassins jouent aux boules avec des têtes qu'ils se lancent.

A onze heures, comme par enchantement, plus rien.

Notre quartier est toujours intact. Rassurés, un certain nombre d'Arméniens sont restés dans leurs maisons.

Et dire qu'au milieu de tout cela, il m'a fallu faire la soupe aux petits chiens, car Minka n'a pas de lait. La bonne bête me lèche les doigts.

15 novembre. — Il paraît que c'est vrai-

ment fini. Les derniers Arméniens quittent l'église et Mehemet, leur gardien, rentre chez nous.

Toute la ville sent une odeur de charnier; on est obligé de fermer les fenêtres.

J'apprends que les Sœurs voudraient me voir. J'y pars, suivie des deux cawas.

Aucun cadavre sur la route, mais du sang partout, poissant aux pieds, des débris de cervelle, des cheveux. Partout des maisons saccagées.

Panayoti me montre l'endroit où, le 12, quand il est passé, une voix, la voix d'un Turc, lui a crié tout à coup : *Jette-toi à droite!* Il a obéi et une balle lui a rasé l'oreille, une autre a déchiré sa tunique. Il a vainement cherché à savoir qui tirait. Sur la route, il a vu tuer sept ou huit Arméniens, comme des moutons, sans qu'ils aient tenté de se défendre, muets. Et pourtant ce sont de solides gaillards.

J'arrive chez les Sœurs, qui ne peuvent s'empêcher de m'embrasser en pleurant. Je leur demande des détails, mais elles ne savent rien. Au contraire, ce sont elles qui m'en demandent. Elles s'étaient enfermées dans leur maison, qui est au milieu d'une cour, et sont restées en prières avec les enfants qu'elles avaient recueillis. Elles disent

JANINA. — Quartier du consulat de France barricadé.

que, selon Panayoti, c'est moi qui ai proposé qu'il aille chez le vali bien que le Consulat n'eût plus de défenseurs. Je leur assure que c'est Maurice, — ce qui est la vérité.

Au Consulat, nos hôtes sont toujours bien terrifiés. Nous avons 37 personnes à nourrir.

Dimanche 17. — C'est navrant, que le sang ne cesse pas de couler! Hier, 44 Arméniens ont été tués sans bruit.

Des cheiks musulmans sont vus s'informant auprès de nos voisins arméniens s'ils ont des provisions suffisantes. J'étais touchée de cette sollicitude, quand Maurice m'a dit :

— Ma pauvre Émilie, mais c'est pour nous, cette démonstration! Les Turcs ont peur des représailles de l'Europe.

Et en effet plusieurs musulmans notables se présentent au Consulat et sollicitent une audience. Avant de les recevoir, Maurice exige qu'ils donnent leurs noms, et les fait attendre longtemps dans la rue jusqu'à ce qu'il se soit assuré qu'ils n'ont pas trempé dans les tueries. Alors seulement il les reçoit, mais ne serre la main qu'à un seul, un ingénieur des routes, notre voisin, qu'on a vu sauver des Arméniens. — Ce dévouement-là, dit Maurice, la populace, tôt ou tard, le lui fera payer... Gare!

Un Turc parlant français, lui raconte quelque chose de bien vilain. Il paraît que les missionnaires, après avoir recueilli environ 150 hommes, n'avaient plus aucune provision dans leurs caves, les Arméniens qui y étaient cachés ayant tout dévoré à même. Alors plusieurs de ces réfugiés, qui justement habitaient à côté, firent savoir qu'ils avaient chez eux de l'huile, du vin, de la farine, des chèvres et des moutons. — Allez donc les chercher. — Non, on pourrait nous tuer. — Alors nous y allons.

Et voici, que les Pères, profitant de l'obscurité, escaladent les murs de clôture et, après de nombreux voyages, reviennent avec toutes sortes de provisions. On se met à manger. Le repas fini, les Arméniens présentent leur note. Ils avaient doublé le prix des denrées. Les pauvres religieux n'avaient pas assez d'argent. Un des Arméniens présents s'offrit à leur en prêter, à gros intérêts, bien entendu. Notez que ces marchandises et cet argent n'avaient été sauvés du pillage que par leur proximité de la Mission ! Le lendemain, rentrant chez eux, les Arméniens remportèrent effrontément tout ce qui restait de marchandises *payées*, et les Pères se trouvèrent dans le plus absolu dénuement.

Alors quelques Turcs, que cette rapacité avait révoltés, apportèrent des provisions à la Mission; Hadji Loufti, un fanatique pourtant, leur donna tout un chargement de pain.

Maurice fait vérifier le fait : il est exact, mais on ne nous avait pas tout dit : *les Pères ont tout de même reconduit chaque Arménien chez lui !*

19 novembre. — Le froid arrive, les meurtres diminuent. Hier on n'a tué que seize Arméniens.

Un des rédifs de garde a raconté à notre boy, Saïs, qu'à Gurun, qui a été assailli, soi-disant par les Kurdes, ceux-ci n'étaient que des soldats déguisés. — J'en sais quelque chose, *j'en étais !*

Les musulmans ont très peur ici des représailles. De temps en temps le bruit court que les régiments russes du Caucase ont franchi la frontière. — « Madame, dans ce cas-là, me dit le lieutenant, qui n'est certes pas un méchant homme, nous serons impuissants à vous défendre. Tous les chrétiens, même vous, même votre joli bébé, y passeront. »

Je tâche d'écouter ça d'un air impassible. Du reste Maurice dit que jamais les Russes ne bougeront pour des hérétiques comme les Arméniens qu'ils détestent (1).

20 novembre. — Le vali a convoqué ce matin quelques notables musulmans et Arméniens avec les deux évêques. L'un de ceux-ci, — le grégorien — trouve un prétexte pour n'y point aller, l'autre arrive. A peine en séance il se lève, prend la parole, remercie le vali de ses bontés, déplore l'aveuglement et l' « exécrable » esprit de sédition de ses compatriotes, puis vante la justice du maître (le sultan). Pour couronner le tout, il fond en larmes. Naturellement les Turcs le dévisagent avec dédain.

(1) « Plusieurs fonctionnaires turcs parmi lesquels des hommes ayant reçu une certaine éducation répètent : « La Russie seule pouvait nous protéger, or, elle est en ce moment l'alliée de la Turquie; grâce à la Russie nous pouvons vous anéantir. » Ces paroles paraissent être propagées par le maréchal Zeki Pacha lui-même. » Témoignage d'un Arménien recueilli par le *Mercure de France* dans *Les massacres*, préface de G. Clemenceau 1896.

Nous en causons toute la soirée Maurice et moi. Certes, il s'attendait à bien des choses de la part d'un tel prélat, mais pas à cela : Pleurer devant les assassins de son peuple! Ah, les voilà, leurs chefs ! Tous pareils! Dès qu'un Arménien arrive à quelque haut emploi, il ne pense plus qu'à lui. Quel triste clergé! Si au Canada, nos compatriotes, n'avaient à leur tête que de pareils lâches, il y a longtemps qu'ils auraient cessé de former un peuple... Et l'on s'étonne, en Occident, que de temps à autre quelque solennité religieuse arménienne soit troublée par le meurtre d'un indigne évêque (1).

(1) Malgré qu'on nous l'eût vivement conseillé, nous n'avons pas cru avoir le droit de supprimer les passages concernant les évêques. D'abord nous n'apprendrons rien qu'ils ne sachent déjà à tous ceux qui connaissent l'Arménie, rien non plus à ceux qui liront attentivement le *Livre Jaune*. Les défaillances du genre de celles dont se sont rendus coupables à Sivas les chefs religieux sont fréquentes. A Diarbékir par exemple, quand arrivera comme vali le scélérat que les ambassadeurs eurent ensuite tant de mal à faire destituer, Aniz Pacha, ce rénégat juif, qui supplicia tant d'Arméniens, c'est un évêque qui attestera complaisamment que la population *se réjouit de sa nomination et en félicite le sultan*. Il

22 novembre. — Le Consul américain sort de son engourdissement. Il dit à mon mari : « Si les Turcs n'avaient massacré

faudra une émeute des Arméniens pour contraindre ce triste prélat à déchirer son certificat.

Nul de ceux qui ont eu l'occasion de s'entretenir avec des missionnaires (catholiques ou protestants) d'Orient, n'ignore d'ailleurs en quel mépris ils tiennent le haut clergé arménien.

L'un d'eux, emporté par son indignation, un jésuite français, publia d'ailleurs il y a quelques années, certain livre qui fit scandale par les révélations très documentées qu'il apportait.

Peut-être notre diplomatie devrait-elle étudier s'il conviendrait que le gouvernement français continuât à appuyer et subventionner en Arménie (au moins dans l'intérieur du pays), des missions qui ne procurent guère de conquêtes à notre influence, dévorent quantité d'existences françaises et sont considérées, nous assure-t-on, du plus mauvais œil par la Russie, — à qui elles le rendent bien — (leur *Bulletin* est aussi anti-russe, aussi anti-alliance russe qu'il est possible). Cette propagande daterait de 1860, époque où Napoléon III rêvait — entre autres chimères — de créer une Arménie catholique qui barrerait aux Russes la route de l'Égypte.

Nos si utiles missions de Syrie, où le climat est moins meurtrier, ne pourraient-elles être renforcées par le contingent de dévouements français si inutilement sacrifiés en Arménie ?

RELIURE SERRÉE
ABSENCE DE MARGES INTÉRIEURES

VALABLE POUR TOUT OU PARTIE DU DOCUMENT REPRODUIT

M. Jewett (États-Unis) M. Carlier (France) M. Bullman (Grande-Bretagne) M. Z..., Belge, employé aux tabacs, M. Y., Grec, drogman du consulat américain
Mme Z... Mme Carlier La chienne Minka M. X., ingénieur autrichien

LE CORPS CONSULAIRE A SIVAS EN 1895

les Arméniens, ceux-ci auraient peut-être brûlé nos missions pour se venger de ce que nous les avons imprudemment poussés à la révolte. » En disant cela, cet excellent homme paraît tout honteux.

En fait, la mission américaine n'a voulu recevoir personne. On prétend même, mais nous n'en avons pas la preuve, qu'ils auraient rejeté dans la rue des malheureux qui avaient pénétré chez eux, et qui auraient été tués à quelques pas de la mission.

23 novembre. — Un boulanger grec a commencé à cuire du pain. Cela nous soulage, car le pétrissage devenait éreintant, et notre pain ne valait rien. Jamais je n'ai trouvé d'aussi bon pain que celui que je *remange*. A vrai dire, je croyais que je n'en mangerais plus... Et puis, de longtemps, la viande nous fera horreur.

24 novembre. — Le docteur ne peut plus douter que le vali ait mis sa tête à prix. Cependant, comme partout on le réclame pour soigner des blessés, il nous demande,

— c'est le seul Arménien à peu près brave que j'aie vu (1), — de le laisser sortir. « Oui, fait Maurice, mais avec Panayoti. » Karakine saisit la main de Maurice et l'embrasse.

Dans les villages, on massacre toujours.

A Sivas, nous comptons 1.500 tués, 300 magasins et 400 échoppes entièrement détruits. La misère des survivants est poignante.

On voit des chiens passer ayant à la gueule des débris humains : ils ont été déterrer des cadavres dans les champs. Presque toutes les victimes sont des hommes, mais on a enlevé et vendu plusieurs jeunes filles.

Je m'intéresse beaucoup aux blessés de Karakine, à qui j'ai donné peu à peu toute notre petite pharmacie. Le docteur ne désespère pas de les sauver, bien que la plupart soient dans un état affreux ; mais, dit-il, il n'y a pas pareils à ses compatriotes pour avoir l'âme chevillée au corps (2).

(1) Dans le Zeïtoun et dans le pays de Van, les Arméniens (ceux-là sont d'origine caucasienne) se défendirent intrépidement.

(2) Au sujet de l'exceptionnelle vitalité de l'Arménien

25 novembre. — On a encore assassiné cette nuit. L'inspecteur de la dette publique ottomane a été pillé par des bandits. On a

en général un haut fonctionnaire de l'ambassade de France nous racontait le fait suivant, qui se place à l'époque des grands égorgements de Constantinople (août 1896) :

Pendant trois jours on avait tué. Maintenant la police faisait transporter les corps aux cimetières dans des tombereaux. Au seul cimetière de Schichli, plus de soixante tombereaux venaient d'entrer ; on allait refermer les portes, quand cinq Sœurs des écoles françaises de Saint-Vincent-de-Paul, se présentèrent, et, à force d'insistance, réussirent à entrer. Alors, elles se trouvèrent devant trois mille cadavres horriblement souillés, nus pour la plupart. Elles eurent le courage de les prendre un à un, de leur tâter le cœur, de se pencher contre leur bouche, afin de voir si par hasard il ne s'en trouverait pas chez qui l'on pût surprendre encore un souffle de vie.

Vers la fin de la journée, après sept heures de recherches, elles avaient retiré, de dessous l'amas des cadavres, deux corps d'homme qui donnaient encore signe de vie. Elles les prirent dans leurs bras, et aussi un jeune garçon dont le petit corps n'était plus qu'une bouillie sanglante, mais encore tiède, — et les emportèrent.

Eh bien! ces trois malheureux survécurent. Or, *le moins blessé* avait le crâne ouvert et sept coups de baïonnette dans la poitrine...

tiré sur lui pendant qu'il déménageait en hâte une caisse de timbres-poste.

Nous tenons à sortir, à nous promener, pour montrer que nous n'avons plus d'inquiétude. Maurice le veut. Il prétend que nous sommes tenus de donner l'exemple. J'obéis. Quand je suis seule, cela va encore, mais quand j'ai bébé... Ce matin des Arméniens m'ont arrêtée dans la rue, pour me dire insolemment qu'ils ont appris l'arrivée prochaine de troupes anglaises sur la côte. Pour eux, c'est la seule nation d'Europe qui soit brave et forte. Parler ainsi, eux, des gens qui se sont réfugiés chez nous, qui ont mangé notre pain!

Le cadi a déclaré que les musulmans ont violé la loi du Prophète en massacrant et en pillant. Il traite courageusement les coupables de *Kafirs*. On lui rend l'épithète.

26 novembre. — Cela va recommencer. Certains mettent de grands écriteaux : *Cette maison appartient à un musulman*. Les sinistres turbans blancs, qu'arborent les Turcs quand ils ont, une fois, tué un *giaour*, reparaissent en masse. Très significatif!

— Elle ferait bien de se presser, l'armée anglaise! dit Maurice. En attendant, je vais aller dire deux mots au vali, deux mots qui vaudront bien comme effet les jaquettes rouges.

Et, en effet, cette alerte n'a aucune suite. Toutes les nuits, il y a des patrouilles de la troupe.

Maurice a renvoyé sa garde. Il n'a conservé qu'un soldat, un bon garçon que bébé a pris en amitié, qui scie le bois, et que Lucie charge de préparer... la panade, lorsqu'elle est occupée ailleurs.

29 novembre. — Sur la place du konak, à deux pas du général de division, en plein jour, trois Arméniens ont été assassinés. Il n'y a pas eu d'arrestations.

30 novembre. — Enfin, des journaux français nous arrivent, racontant les massacres. Voici ce qu'ils disent de Sivas : « Les révoltés arméniens ont attaqué traîtreusement les Hamidiés. Ils ont été défaits. » C'est tout ! (1)

2 décembre. — A Césarée, dit-on, massacre épouvantable.

3 décembre. — Des crieurs officiels viennent dans les carrefours publier que désormais quiconque tuera ou pillera sera pendu.

4 décembre. — On dit que l'escadre européenne, la flotte anglaise en tête, va s'emparer de Constantinople. Les Turcs, exaspérés, nous regardent d'une drôle de façon.

Je n'ose pas sortir ; je suis tout à fait malade. Maurice est à bout.

(1) La cause de ce silence, le vaillant Père Charmetant, osa seul le dire, l'imprimer dans son *Bulletin* (mai 1896). « Nous avons eu la douleur de voir la plupart des journaux, *même les plus vaillants et les plus militants*, refuser nos communications et garder un silence que nous savons largement payé par un or souillé du sang de leurs frères. »

Rien n'est changé à cet égard depuis 1895...

5 décembre. — Les Arméniens, appelés à faire connaître leurs pertes en marchandises, accusent 26 millions. Maurice trouve le chiffre fantastique.

L'école américaine et les deux écoles françaises rouvrent. Elles n'ont eu aucun enfant aujourd'hui. Maurice fait rendre beaucoup d'objets pillés.

Tout le monde dit, même des Européens, qu'à Gurun les assassins étaient guidés par un prêtre arménien apostat.

8 décembre. — Hier, un Turc qui avait beaucoup pillé *et parlait trop haut*, a été jeté en prison, chaînes aux pieds. Il a continué, citant des noms de chefs. Ce matin, on l'a trouvé mort dans sa cellule.

19 décembre. — Revirement complet. Les Arméniens font l'éloge de la France et de nos missions qui, jamais, reconnaissent-ils, ne les ont poussés à se soulever, tandis qu'ils portent de graves accusations contre les Américains et les Anglais.

Nous avons 67 centimètres de neige et — 14° de froid.

Le vali craint — ou espère des incendies.

25 décembre. — Quel triste jour de Noël !

On vient de tenter de nous empoisonner. Ça doit être un de nos domestiques arméniens, payé sans doute par les Turcs. Alors on pourrait reprendre les massacres, car il n'y a que nous qui gênons.

Certainement il y avait un poison dans notre café, car nous en avons donné à Por-

JANINA. — Volontaires grecs épirotes recrutés par le consul de France pour la défense du consulat.

thos, qui, lui aussi, a eu des vomissements et a été pris de tremblements; mais comment faire analyser ce poison? Tous les pharmaciens sont tués.

Quel est le coupable? Impossible de le savoir. Nous mettons à la porte nos deux domestiques que nous remplaçons par des Turcs. Le Turc a ses défauts mais il ne trahit pas.

15 janvier. — Maintenant on est à peu près certain que les massacres sont finis, seulement c'est la famine. La moindre denrée monte à des prix fous. Nous allons être ruinés, si cela continue.

Et nous avons toujours chez nous trois Arméniens, dont Karakine. Le pauvre homme se sent perdu et pleure toute la journée. Heureusement sa femme et son enfant sont à Samsoun.

16 janvier. — De partout arrivent à Maurice des félicitations. Il sait que, si l'évêque a essayé de le desservir, les Européens de Sivas ont écrit à Constantinople et disent qu'ils doivent la vie à son énergie.

C'est bien, mais j'aimerais mieux qu'on nous changeât au plus tôt, puisque, paraît-il, M. Cambon a décidé que les deux consuls qui avaient été le plus à la peine seraient bientôt changés (M. Meyrier à Diarbekir, où il s'est passé des choses horribles (1), et Maurice).

28 janvier. Un grave incident. Le 24, à dix heures du soir, nous venions de nous coucher, quand dans la rue retentissent des clameurs. Est-ce que cela va recommencer? Nous sautons du lit en hâte, courons à la fenêtre, et apercevons, au tournant de la rue, à droite, une lueur rouge. Il y a un incendie, et c'est sans doute chez un Turc.

Maurice étant très enrhumé, je lui demande de ne pas sortir. Il n'a rien à faire là, puisque ça paraît être une maison musulmane. — « C'est très suspect, le feu chez un musulman ! » Et il s'habille en hâte.

Mais déjà Panayoti est revenu disant que

(1) Voir aux annexes.

c'est une baraque qui se trouve entre la maison d'un ingénieur turc et celle du docteur Karakine. Évidemment on a voulu incendier ainsi deux maisons détestées, celle du Turc, parce qu'il est presque le seul musulman qui ait blâmé les massacres (1), et celle de Karakine, parce qu'on est furieux de n'avoir pu se saisir de lui.

(1) « J'ai vécu longtemps parmi ce peuple, je ne puis oublier ses nobles qualités. Au cours même de cette période douloureuse, des prêtres musulmans, quelques fonctionnaires, ont protégé les victimes contre leurs assassins. » (M. E.-M. de Voguë, *loc. cit.*). Voyez aussi dans V. Bérard, *la Politique du Sultan*, plusieurs actes de généreux dévouement accomplis par des prêtres turcs. Enfin il est bon de rappeler qu'un mutessarif (général), Kaïry Bey, fut nommé officier de la Légion d'honneur pour avoir sauvé, en traversant, malgré la neige, une montagne que les Kurdes croyaient infranchissable (Kaïry-Bey s'était lancé avec tout un régiment, et, de sa troupe, cent-cinquante hommes seulement arrivèrent), la Trappe française d'Akbès. Ce monastère était composée de vingt-quatre religieux. Le prieur fut admirable. Après un premier assaut, les Kurdes lui envoyèrent un parlementaire : « Si vous acceptez de sortir, nous vous garantissons la · ie sauve. » — « Les religieux français, répondit le prieur, — un ancien officier de cavalerie — n'ont point l'habitude de fuir devant le péril ! » (*Supplément du Livre Jaune.*)

Maurice part avec ses cawas. Il trouve la foule qui regarde joyeuse et refuse d'éteindre le feu ou d'aider l'ingénieur à déménager (ici, il n'y a pas de compagnies d'assurances, et encore moins de pompiers). Quant à la demeure de Karakine, il n'y a plus rien dedans, depuis le pillage et les massacres.

Mais on vient dire que la populace injurie la famille de l'ingénieur et la menace.

Je m'habille à mon tour, je vais à la maison et, prenant par la main les femmes, je les emmène chez moi où je leur donne des matelas dans la salle à manger. Quantité d'autres musulmans et d'Arméniens nous envahissent, j'ignore pourquoi. J'ai allumé du feu, fait du thé, et je suis là, au milieu de cette cohue, quand la porte s'ouvre et Lucie, scandalisée, apparaît : *Mais, madame*, me fait-elle sévèrement, *si ça continue, on va réveiller monsieur Jean !* Maurice, qui rentre pour voir comme je me tire d'affaire, lui riposte : « Ah ! par exemple, le sommeil de *monsieur Jean*, ce que je m'en fiche ! »

Il vient mettre un paletot, car, dehors, il gèle ferme, — 15°. Il paraît qu'on manque d'eau, la rivière est gelée, et pas un Arménien ne veut sacrifier sa provision. Alors mon mari fait défoncer notre fontaine, et pour que les cawas, eux des guerriers, puissent, sans déchoir, porter de l'eau, il se charge lui-même d'un seau. Il revient encore. Je le supplie de rester, car il tousse affreusement, mais un gamin entre et dit que, dès que M. le Consul a été parti, la foule a excité le feu. Maurice repart. Panayoti et Mehemet ne le quittent pas, car, paraît-il, il y a des Kurdes furieux (d'avoir manqué leur coup par sa faute) qui veulent le tuer.

Maurice revient trois fois pour se dégeler, et chaque fois le feu reprend de plus belle là-bas.

Voilà maintenant que le vent porte en grand les étincelles de notre côté. Maurice m'ordonne de tout préparer pour la fuite. Je cours en haut faire des paquets. Lui, retourne au feu.

Enfin, à six heures et demie, au petit jour, l'incendie est enrayé, mais la maison de l'ingénieur est complètement brûlée. Mon mari a constaté que, la veille, on avait enlevé tous les meubles de la baraque turque. Donc, c'était un coup monté.

Le vali est venu remercier mon mari et nous féliciter...

L'ennuyeux, ce sont les femmes de l'ingénieur. Vainement Karakine leur offre sa maison comme asile, elles répondent nonchalamment : « Nous sommes mieux ici. » Comme dit Maurice : « J'te crois ! »

Tout de même, le lendemain, il les met à la porte. Maintenant il va falloir aérer, et longtemps, car c'est tenace, cette odeur de gens brouillés avec l'eau.

29 janvier. On parle à Orfa, du côté de Diarbekir, d'horreurs telles que je n'ose écrire ce qu'on nous rapporte. (1)

30 janvier. — Maurice est atteint d'une grave congestion. Il n'y a pas un sinapisme dans toute la ville. Quand pourrons-nous respirer ?

(1) Voir aux Annexes.

Mehemet, cawas circassien — Vartan, domestique arménien — Zaptié de garde — Officier de Zaptiés — Carabette, cuisinier arménien — Panayoti

Lucie — Mme Carlier — M. Carlier — M. Suifi, drogman

Saïs — « Monsieur Jean » — Porthos

LE PERSONNEL DU CONSULAT DE FRANCE A SIVAS EN 1895

8 février. — Les heures les plus critiques semblent passées. L'Angleterre envoie un consul, le capitaine Bullmann, un vrai gentleman. Il nous étonne un peu. Il affirme, en effet, être sûr que les massacres vont recommencer.

Lui, il est garçon, il a fait, dit-il, le sacrifice de sa vie, mais nous, nous devrions partir. Mon mari essaie de lui démontrer qu'il se trompe. Le capitaine insiste. Puis il vient me voir, me répète en confidence que Maurice va être coupé en morceaux, mon enfant jeté dans l'huile bouillante, moi... Je lui demande doucement : « Pardon !... C'est à Londres, monsieur, qu'on vous a recommandé de nous dire cela ? »

Nous n'eûmes pas de doute qu'il récitait une leçon. Il s'agissait sans doute pour les Anglais de reconquérir dans le pays un prestige plus que compromis... Pour cela, il fallait faire partir les autres consuls. M. Bullmann, s'il a échoué avec nous, a du moins réussi avec son collègue des États-Unis, qui va demander un long congé, raisons de santé...

10 mars. — Notre ravitaillement devient d'une difficulté incroyable. Les cawas et moi faisons vingt courses pour découvrir une paire de poulets, un chevreau, des fèves. Et puis, quand je rentre, c'est pour apprendre du cuisinier que *Monsieur* a fait débrocher le poulet pour le donner à une troupe de malheureuses, — il y a tant de maisons où il n'y a plus un seul homme et les Arméniens riches sont si peu charitables ! Je gronde Maurice, je lui déclare que c'est de la folie, que je n'ai plus d'argent, et il recommence.

Maurice a reçu du ministre une médaille d'or de sauvetage. Il en est très fier.

Il a reçu aussi du Saint-Père un cordon de Saint-Grégoire et un autre pour Panayoti. Il paraît que le vali demande pour moi à Yildiz Kiosk un *chefacat*. Je croyais que c'était... un objet d'art, il paraît que c'est une décoration pour les femmes.

Jusqu'à bébé, qui *décore* sa mâchoire avec quatre autres jolies quenottes et cherche à se mettre gentiment sur ses pattes !

10 mars. — Maurice, chaque semaine, réclame au vali une escorte pour conduire Karakine à Samsoun. Le vali refusait toujours : cette fois l'ambassade s'en mêle, et voici une troupe de cavaliers devant notre porte, qui attend.

Karakine n'est guère rassuré. Une escorte! Si le Consul qu'elle accompagne ou sa femme étaient tués, elle serait fusillée, c'est connu; mais un Arménien! Cela compte si peu! Les zaptiés raconteront une histoire d'accident quelconque, et cela fera le compte.

Aussi, Maurice s'en va-t-il chez le vali, et il lui déclare que M. Cambon a obtenu un firman disant que, si Karakine n'arrive pas vivant à Samsoun, le vali sera exilé au Yemen. L'exil au Yemen équivalant à la mort au fond d'une oubliette, le vali, qui prend peur, s'empresse de donner des ordres à la troupe. Karakine arrivera vivant à Samsoun... Comme dit Maurice : « Avec les Turcs, le tout est d'oser ! »

11 mars. — Maurice est allé aux environs

porter des secours. Il est revenu navré de ce qu'il a vu à Zawra.

Que de gens, naguère dans l'aisance, presque riches, n'ont point même un morceau de bois pour se chauffer, dans ce pays glacé l'hiver, où le bois vient de régions à dix jours de marche !

Et du bois, nous ne pouvons pas en donner : nous n'en avons pas nous-mêmes.

12 mars. — A peine le docteur est-il parti que, le dégel étant survenu, le typhus éclate. En même temps, ce sont partout des odeurs épouvantables de charogne. Bébé, bien pâlot, a besoin d'air, mais je n'ose pas ouvrir les fenêtres.

Le typhus atteint nos sœurs. Ces pauvres filles, qui, l'an dernier, ont si cruellement payé le tribut au choléra, vont-elles encore le payer au typhus? C'est bien à craindre, car elles vont dans chaque hutte misérable aussi bien chez les musulmans que chez les chrétiens. Elles se prodiguent avec un dévouement admirable.

Et nous n'avons plus un seul médecin, pas un seul pharmacien !

Maurice a été défendre aux Sœurs, au nom de la France, de continuer. Il dit qu'elles ont assez fait. En effet, sur cinq, elles sont trois dans leur lit.

13 mars. — De l'ambassade nous arrive une indemnité pour les secours que nous avons distribués depuis quatre mois. Agréable surprise, car Maurice n'avait voulu rien demander.

14 mars. — A cause de bébé, à qui je rapporterais peut-être l'épidémie, je n'ose guère entrer chez les sœurs ; je vais seulement jusqu'à la porte prendre des nouvelles, — et cependant elles sont seules, les femmes du pays les ont abandonnées...

15 mars. — Hier, de grand matin, on m'apprend que la sœur Marie-Paul, prise brusquement, est au plus mal. C'était celle que je connaissais le moins, mais elle m'avait semblé fine, distinguée, d'un caractère charmant.

Je pars dès que la voiture est prête, car il y a tant de boue que je ne pourrais passer, et c'est loin. J'arrive, j'entre dans la chambre, je vois des cierges allumés; la sœur Marie-Paul vient d'expirer.

On l'a enterrée l'après-midi. Le vali désirait que cela se fît la nuit, par crainte d'un soulèvement des musulmans, car le corps va être présenté à l'église arménienne, donc on va traverser toute la ville. (Ce sera la réouverture; jusqu'ici, les Arméniens morts depuis les massacres n'ont pas passé par les églises.) Mais Maurice n'admet pas qu'une Française puisse être enterrée en cachette. On fera la cérémonie au grand jour et le pavillon français sera étendu sur le cercueil.

Il y a eu, malheureusement, un incident déplorable causé par une manœuvre du trop intrigant Mgr Hadjian. Cet évêque, aux prières de qui Maurice avait cédé, en autorisant (malgré nos missionnaires qui ne l'aiment guère) le passage du cercueil par l'église arménienne, a imaginé après la cérémonie,

Le cawas Panayoti rentrant au consulat.

pour le transport au cimetière, de nous reléguer assez loin, nous les Européens, en mettant devant nous deux ou trois rangées de prêtres.

Nous ne soupçonnions rien, cependant, quand Panayoti a l'idée de s'avancer de quelques pas. Il revient très vite, la figure crispée : « Monsieur le Consul, ils ont enlevé notre drapeau pour y mettre une espèce de sale drap ! »

Maurice devient tout pâle. Je lui donnais le bras, je me serre contre lui, je le supplie de rester calme. Qui sait? Peut être le drapeau est-il en dessous.

— C'est vrai, va vérifier!

Panayoti court relever la draperie et revient : — Non le drapeau n'y est pas, ils l'ont sûrement, les misérables, jeté dans quelque coin.

— Bien! fait froidement Maurice, va dire à l'évêque de s'arrêter et de faire remettre sur le cercueil mon pavillon : N'aie pas peur, parle haut!

Nous nous arrêtons, les autres Européens aussi, les Pères aussi, et aussi les pauvres Sœurs, toutes tremblantes, mais le cortège arménien, lui, continue à avancer. Évidemment Panayoti est débordé. Alors le grand Mehemet court prêter main-forte à son camarade. On voit les Arméniens les entourer avec colère, les injurier, les menacer.

Les Turcs, qui regardaient de leurs maisons, sortent alors en foule, se regardant d'une drôle de façon. Ils flairent un conflit entre le Consul et les Arméniens : « Oh! oh! bonne affaire! » Et puis, Mehemet est musulman, un des leurs, par conséquent, et s'il est blessé, s'il tombe, malheur à qui aura versé son sang !

Enfin l'évêque effrayé de tant d'effervescence, comprenant la folie qu'il allait commettre, capitule. Il commande à un diacre de remporter le drap arménien. Le drapeau reparaît et les deux cawas l'étendent de nouveau avec gravité sur le cercueil. Puis le cortège se remet en marche.

— Si Mehemet était tombé, me dit Maurice, qui est encore tout vibrant d'émotion, il n'y aurait plus eu, avant une heure, un Arménien en vie dans Sivas !

Au cimetière, il n'y a pas eu d'incident, mais j'avais été très émue de la scène du drapeau, comme de la mort de la pauvre sœur et j'ai dû prendre le lit en arrivant. Sur le moment on se domine, mais c'est après coup qu'on a peur...

16 mars. — On a cru que j'avais gagné le typhus. J'avais des idées bien noires, et ma bonne Lucie ne savait pas me cacher les inquiétudes que lui inspirait mon état.

A un moment pendant que bébé dormait (Maurice s'était rendu au konak pour essayer encore de faire restituer aux Arméniens des objets volés), Lucie et moi nous causions et l'entretien n'était pas folâtre. En effet je venais de lui recommander, de veiller à ce qu'on m'enveloppât dans le drapeau — quand je serais morte.

Lucie me quitta pour aller précisément l'étendre, ce drapeau, sur la terrasse afin de l'aérer. En redescendant elle vit mon mari qui rentrait. Il lui demanda comment je me trouvais. « Un peu mieux, monsieur » puis timidement, et la tête basse : « M'sieur le Consul, et moi si je mourais, est-ce que vous voudriez permettre que l'on me mette aussi le beau drapeau en soie. — Bien entendu, ma fille, n'êtes-vous pas Française? — Ah! m'sieur, merci. Alors je crois maintenant qu'ça m'ferait moins de m'en aller! »

Le soir venu, elle remonte sur la terrasse pour replier le drapeau, elle n'en trouve plus que des lambeaux. Les deux chiens en jouant l'avaient déchiqueté! Lucie entre désolée dans ma chambre. — Madame, madame, si c'est possible... Bien sûr, c'est signe de grand malheur !

— Mais non, Lucie, c'est signe qu'on n'en aura pas besoin ! »

En somme je n'avais pas le vrai typhus, si bien que je me suis remise assez promptement (1).

3 avril. — Il ne va pas bien, Maurice. Sa bronchite s'est aggravée, et il a bien changé. C'est ce maudit incendie qui en est la cause, et puis toutes les émotions. Il a moins de ressort. Il veut encore avoir l'air gai, mais je le sens très tourmenté : « Si tu partais à la côte avec bébé, me dit-il, je serais moins nerveux. »

Et il me supplie de partir. Il paraît que son collègue Meyrier, — à ce que nous apprend un médecin-major turc revenant de Diarbékir — croit à de nouveaux troubles, et va renvoyer sa femme et ses enfants en

(1) Depuis 1896, six sœurs françaises ont successivement succombé. La durée maxima de vie des religieuses de Saint-Joseph, envoyées à Sivas, ne paraît pas excéder *cinq années*.

Europe, pour tout à fait. Pourquoi n'en ferais-je pas autant?

Je refuse absolument.

Seulement, je fais savoir à Constantinople que la santé de mon mari me donne des inquiétudes.

Mai. — Nous apprenons que les postes de Janina et Andrinople, postes assez doux, vont être désignés à M. Meyrier et Maurice. C'est Janina qui nous tente le plus, à cause des complications gréco-turques qui menacent de tourner à une guerre. Maurice pense que les Grecs, qui convoitent l'Épire, se jetteront sur Janina. En ce cas, il s'y passerait des choses tout à fait intéressantes. Il demande Janina.

Ici, tout est calme. Maurice en impose trop au vali pour qu'aucun Arménien soit désormais molesté, du moins à Sivas même. Du dehors nous apprenons encore parfois de tristes choses(1). Il nous est venu quel-

(1) Voir, pour les détails, *le Martyrologe arménien*, par le P. Charmetant.

ques étrangers aimables, un Belge, un Autrichien fort brave homme, très gai, qui est un grand ami de bébé.

Un jour il lui demande : « Qu'as-tu dit, Jean, lorsque tu as entendu les soldats faire pan, pan ? » Et voilà petit chéri, comme s'il comprenait, qui répond, avec un grand sérieux : « Boum ! Boum ! » Cela nous a donné un coup !... Maintenant Maurice, chez qui les émotions tristes ne durent guère, ne l'appelle plus que *Monsieur Boum-boum*.

J'étais invitée à une petite fête scolaire chez les missionnaires, mais nos chevaux sont malades ; alors, pour que je puisse venir à pied sans risquer de disparaître dans les flaques de boue, ils ont dû travailler à installer cinq cents mètres de chemin en planches.

1er juin. — Décidément, c'est Janina. Préparons les paquets. Maurice tousse encore. Aussi M. Cambon, toujours gracieux, nous fait-il télégraphier que nous sommes autorisés à partir sans attendre l'arrivée de notre successeur.

10 juillet. — J'ai été bien émue en disant adieu aux sœurs et aux pères. Eux, ne reverront jamais leur pays, ils le savent. Ils sont résignés. Et puis, tout de même, au moment des adieux, je les vois bien angoissés...

17 juillet. — *En route.* Nous voici sur le chemin du retour. Nous sommes dévorés par toutes sortes d'insectes, surtout des punaises. Aux haltes, il faut mettre les quatre pieds des lits dans des jarres d'eau. Malgré cette précaution, ce pauvre bébé, qui leur offre une proie plus tendre, est en sang.

Quel changement, et comme, malgré la belle saison, les pays que nous traversons semblent misérables ! Les boutiques éventrées restent fermées, le commerce est tué pour longtemps, car par ici, on n'a pas massacré seulement des Arméniens, mais aussi des Grecs, des Syriens et des Juifs, — en somme, tous les riches.

Notre marche est retardée par une masse de chariots d'Arméniens qui nous précèdent. D'autres nous suivent. Tous ceux de Sivas

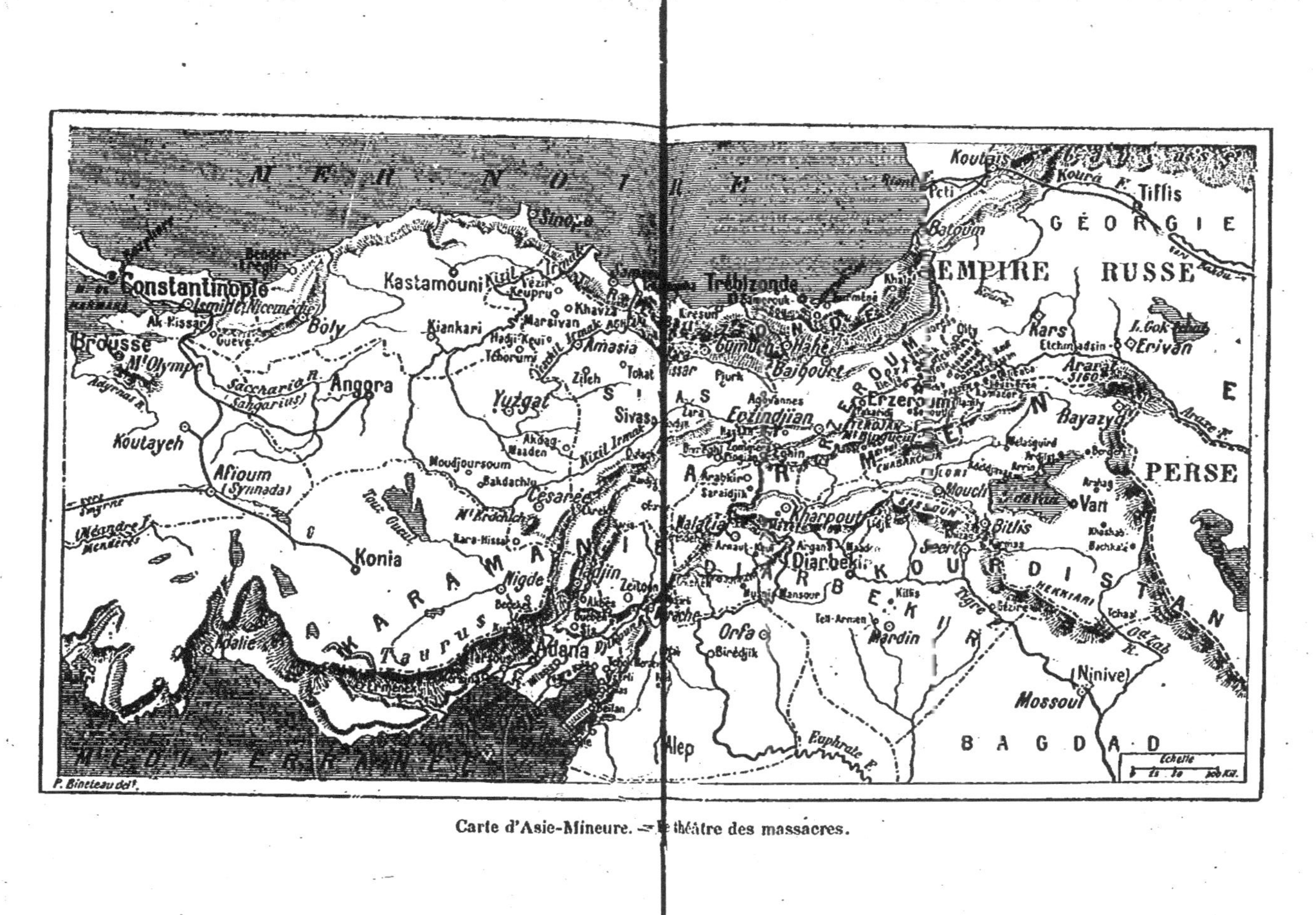

Carte d'Asie-Mineure. — Le théâtre des massacres.

ou des environs qui songeaient à émigrer en Europe, mais n'osaient à cause des brigands, (1) ont profité de notre escorte. Nos zaptiés ont commencé par les bousculer, mais un mot brutal de Maurice à leur chef a tout remis en ordre. Même, au défilé qui m'avait effrayé, en venant, Maurice a voulu qu'une partie de l'escorte restât en arrière pour être certain que quelques bandits ne nous couperaient pas des Arméniens pour les rançonner. Et puis, Panayoti veille, toujours à cheval; alors, partout où nous campons, campent les émigrants. Ce cortège est plutôt désagréable, car ils font lever devant nous un nuage de poussière suffocant.

Ah ! que cela m'a fait donc plaisir d'apercevoir la mer!

Nous arrivons aux premières maisons de Samsoun faits comme des voleurs. Trouvé là, venu au-devant de nous, M. de Cortanze (2), toujours spirituel, et feignant de

(1) Surtout des Arméniens convertis de force au mahométisme et sûrs d'être assassinés s'ils reniaient la foi de Mahomet.

(2) L'agent des Messageries. Il est cité dans le *Carnet de route.*

prendre l'immense caravane d'Arméniens pour notre personnel consulaire.

Une dépêche nous attend chez lui. Maurice l'ouvre ; il est fait chevalier de la Légion d'honneur, en même temps que ses collègues Meyrier et Roqueferrier. Nous connaissions déjà la conduite énergique du second, consul à Erzeroum. Échappé à la tuerie des rues de Trebizonde et ayant eu grand'peine à gagner son poste, M. Roqueferrier n'a pas craint de se risquer hors du consulat et d'encourir la colère des autorités en les sommant d'arrêter le massacre. Ensuite, tandis qu'on enterrait en secret les victimes et qu'il y avait défense aux chrétiens d'approcher, il est arrivé, son appareil photographique à la main, et a pris des clichés effroyables.

Trajet maritime sans incident.

25 juillet, Constantinople. — On jase beaucoup ici, surtout dans les salons qui confinent au monde diplomatique.

Ainsi on nous dit qu'au quai d'Orsay on ne désirait donner qu'une seule croix pour les événements d'Arménie, et qu'elle n'était pas pour Maurice. Sur ce, M. Cambon aurait été voir le Président de la République, qui aurait donné le complément sur son contingent.

Et cette histoire, qui n'est peut-être pas vraie, mais que tout le monde chuchote, est pour nous un prétexte à compliments fleuris, comme on en sert si facilement en Orient. C'est la gracieuse Mme de la Boulinière (1) qui réclame, comme un honneur, le droit d'épingler elle-même le ruban rouge de celui qu'elle appelle un héros français.

26 juillet. — On croit ici les massacres terminés pour l'Asie Mineure. C'est ailleurs qu'est le danger, c'est d'un autre côté qu'il faut ouvrir les yeux...

27 juillet. — Réception en notre honneur à Thérapia, le palais d'été de l'Ambassade. Après le dîner, il y avait quelques invités, M. Cambon, de sa voix lente, nette,

(1) La femme du premier secrétaire d'ambassade. M. de la Boulinière est aujourd'hui résident de France au Caire.

qui met chaque mot bien en valeur, dit à Maurice : « Mon cher Carlier, je tiens encore une fois à vous féliciter. » Il s'est arrêté, puis, pesant encore plus, semblait-il, ses paroles : « Si un jour l'histoire doit. . . .

. . . .

« Mais... nul n'a fait plus que vous. Résidant dans le vilayet qui comptait la population arménienne la plus nombreuse, vous avez réussi, par votre activité, votre dévouement, à ce que ce fût celui qui comptât *le moins* de victimes. Ce beau résultat est votre œuvre personnelle. »

Pendant que parlait l'ambassadeur, Maurice, qui s'était levé, se tenait raide; puis il a salué militairement, sans pouvoir dire un mot.

Dans ces moments-là, on oublie tout ce qu'on a souffert...

28 juillet. — Le temps est superbe, j'ai pu enfin faire connaissance avec un Stamboul doré par le soleil sous un ciel bleu, au lieu de l'affreuse pluie de l'an dernier qui gâtait tout.

Maurice va mieux.

M. Jean de Sivas, comme dit son papa, vient d'avoir sa onzième dent.

Ma décoration du Chefakat, qu'ont ici quantité de femmes, nous a coûté 160 francs de bakchichs divers; mais ces dames de l'ambassade m'ont assuré que ça fait très bien (rouge, vert, blanc) sur une robe de bal.

Oui, mais à quand le bal? Pas à Janina, je suppose. Janina! on dit pourtant que c'est une ville agréable. Cette fois j'emporte un kodak, car je ne rapporte de Sivas que quelques mauvaises photographies faites par les missionnaires.

ÉMILIE CARLIER.

A Janina.

Cheminant par Athènes, l'isthme de Corinthe et Corfou, le jeune ménage arrivait à destination le 15 août 1896.

La première impression, résidence, pays, habitants, fut excellente.

La vie, d'ailleurs, — ils s'en aperçurent bientôt, — était agréable, le climat doux. Un nombreux corps consulaire, une société élégante, choisie, très mondaine, composée surtout de vieilles et riches familles grecques, y mettait beaucoup d'animation. Mme Carlier, qui adorait tous les sports, se livrait à l'équitation, à la chasse, au tennis, aux parties de canot à voile sur le lac, — le beau lac limpide où le terrible Ali Pacha noya jadis tant de jeunes femmes...

D'ailleurs, le poste consulaire de Janina n'est qu'un poste d'observation. Point de nationaux, encore moins d'établissements religieux à protéger. Donc beaucoup de loisirs.

Comme lieutenant un Dogman parfait, M. Lappas.

La guerre turco-grecque survient. L'armée hellène met d'abord en déroute, presque sans combat, deux divisions de l'armée turque, qui se replient en désordre vers Janina.

Un moment, c'est la panique dans la ville. Furieux de leur défaite, les Turcs annoncent qu'ils ne sortiront pas de Janina sans avoir exterminé tous les chrétiens. Immédiatement les cinq consuls (Russie, Angleterre, France, Italie, Autriche), dont les résidences sont voisines, se barricadent, recrutent et arment chacun une compagnie de pallikares. Avec son coup d'œil militaire, son entrain et sa décision, M. Carlier devient une sorte de chef général de la défense. Il fait des patrouilles, communique son ardeur à tous, arrête les malfaiteurs. Dans l'enceinte des consulats se sont réfugiées toutes les familles européennes, et aussi les très nombreuses familles grecques accourues de tous les environs.

Une ambulance est organisée, que dirige Mme Carlier. Tout est prêt, et si les Turcs attaquent, ils seront bien reçus.

Mais l'armée hellénique bat en retraite, recevant de fâcheuses nouvelles des opérations en Thessalie.

A ce moment M. Cambon, qui veut être renseigné, envoie M. Carlier faire une longue tournée au delà de la frontière grecque. M. Car-

Janina et son lac. — A l'horizon, la frontière de Grèce.

lier, qui a tout regardé attentivement, peut alors annoncer à son chef que le manque de discipline, l'absence d'organisation des Grecs les vouent à une défaite certaine et complète.

Bientôt vaincue, en effet, la Grèce demande la paix.

Observatrice toujours attentive, Mme Carlier a rapporté de Janina un carnet de notes assez garni. On nous permettra d'en détacher deux ou trois passages assez piquants.

20 avril 1897. — D'après le dire des femmes du peuple (musulmanes), une grande armée a été envoyée d'Égypte au secours du sultan. Ce sont des négresses terribles, ayant la poitrine couverte de poils et des dents aiguës. Elles portent des serpents dans les cheveux, ont quatre-z-yeux et marchent reliées entre elles par des chaînes d'airain. Elles ne feront qu'une bouchée des giaours grecs.

22 avril. — Un vieil officier turc à barbe blanche, huché sur un vieux cheval, nous apparaît, au détour du chemin. Il est accompagné d'un soldat, — tout ce qui reste d'un bataillon qui s'est laissé hacher par la cavalerie grecque! Ce vieil officier est pâle, tremblant, sans souliers...

. . . .

En somme une panique. Ce seraient les bleus *evzones* (troupes d'élite, ayant un costume d'opéra-comique : jupes bouffantes empesées et plissées — on dirait des danseuses) qui auraient épouvanté par leur crânerie les rudes et sales bataillons turcs. Il paraît que les evzones, quand les tirailleurs d'Anatolie se sont avancés sur eux, se sont mis, au lieu de riposter, les uns à danser, en lançant leurs armes en l'air, les autres à se friser au petit fer, cheveux et moustaches. Ahuris, persuadés que pour agir ainsi les evzones devaient être invulnérables et protégés par des génies, les Turcs ont tourné les talons.

20 mai. — Oh! s'il est possible!... Les Turcs aux Thermophyles et pas le moindre Léonidas pour les arrêter! Le prince royal n'a donc pas compris qu'il devait se faire tuer là, « dans son intérêt », comme dit Maurice...

Alors... Alors, la guerre est finie... Drôle de guerre! Si c'est comme cela que nos pauvres Arméniens auront été vengés!...

Panayoti ne décolère pas contre ses compatriotes. Heureusement, pour faire diversion, une jolie fille de la société de Janina vient de le demander en mariage, et cette conquête exalte l'orgueil de notre cawas.... D'ailleurs, il est bien plus magnifique ici qu'à Sivas. Généralement il arbore de flamboyantes pelisses de hussard hongrois, aux brandebourgs tressés, garniture d'astrakan, armes splendides. Il est éblouissant.

22 mai. — Hélas, déjà manqué le mariage!... Le cawas avait laissé croire à la belle qu'il pouvait devenir une façon de consul. Maurice a dû détromper les parents de la pauvre jeune fille, qui pleure toutes les larmes de son corps...

En novembre 1897, M. et Mme Carlier reviennent en France en congé de convalescence, car le consul, qui a pris les fièvres, est très éprouvé.

Il retourne à Janina en juin 1898. Les six derniers mois de cette année furent peut-être les plus heureux de l'existence du jeune ménage. La température s'était maintenue très douce, ce n'étaient que fêtes perpétuelles parmi les familles consulaires. Une troupe lyrique italienne donnait des représentations de grand opéra.

M. Carlier semblait aller mieux et bébé devenait un charmant enfant. C'est de cette époque que date la jolie photographie que nous donnons ici : Mme Carlier et son fils Jean.

Mais, avec les froids, M. Carlier fut repris de son mal de poitrine, contracté à Sivas pendant la sinistre nuit de l'incendie. Dès lors son état alla en s'aggravant.

Fin juillet 1899, il rentrait en France pour consulter, se faisant d'ailleurs — sa femme également — les plus complètes illusions, et persuadé qu'il allait guérir.

La traversée l'épuisa. A Brindisi il fut pris de crises d'étouffements. On télégraphia, sous un prétexte quelconque, à Mme Carlier de rentrer en France. Elle prit aussitôt la voie de terre par l'Italie et la Suisse.

A Troyes, le chef de gare vint la prévenir qu'un membre de sa famille l'attendait dans son bureau. Elle descendit de wagon ne se doutant de rien, persuadée que c'était un de ses cousins de Langres venu au-devant d'elle.

Celui qui l'attendait était un vieillard en grand deuil, son beau-père : depuis deux jours, elle était veuve...

M.-F.

ANNEXES

AVANT LES MASSACRES

EXTRAIT DU *Livre jaune* : **Pièce n° 6**

Rapport de M. Paul Cambon, ambassadeur.

Pera, 20 février 1894.

... Les Turcs sont en train de rouvrir la question d'Orient du côté de l'Asie...

L'article 61 du traité de Berlin intéressait l'Europe au sort des Chrétiens d'Arménie et le traité de Chypre, en 1878, reconnaissait la nécessité de « l'amélioration du sort des Arméniens »...

L'inaction de la Porte a découragé les bonnes volontés des Arméniens.

. . . .

Vers 1885, les Arméniens dispersés en France, en Angleterre, en Autriche, en Amérique, s'unirent pour une action commune : des comités nationaux se formèrent, des journaux... Partout on signalait à l'Europe la violation par les Turcs du traité de Berlin.

La propagande arménienne tenta d'abord de gagner la France à sa cause. La France, il faut le reconnaître, ne s'intéressa point à des gens qui lui parlaient de Noé, du Mont-Ararat et des Croisades.

Dès lors, etc...

Mes dépêches de l'année dernière vous ont tenu au courant des événements de Césarée et de Marsivan (janvier 1893).

A Sivas, notre consul semble craindre une explosion prochaine. Et ainsi, quand les autorités auront achevé d'exaspérer par leurs exactions une population inoffensive, tout d'un coup pourront se produire des événements qui amèneront probablement l'intervention de l'Europe.

. . . .

Pour introduire une réforme, il faudrait d'abord tout réformer, et les Turcs ne feront qu'envenimer la question.

PENDANT LES MASSACRES

EXTRAIT DU *Livre jaune.*

M. Carlier à M. Cambon.

Sivas, 12 novembre 1895.

Une vive fusillade a commencé à midi auprès de chez moi. J'ai fait immédiatement prendre les armes à ma maison, empêchant tous les musulmans armés de pénétrer dans ma rue et préservant ainsi l'église arménienne remplie de monde; les évêques se sont réfugiés chez moi. Le feu a continué jusqu'à 3 heures. Jusqu'à présent, les religieux et les jésuites sont en sûreté.

M. Cambon à M. Carlier.

Pera, 13 novembre.

Télégraphiez-moi souvent. J'ai la plus grande confiance dans votre énergie et votre sang-froid.

M. Carlier à M. Cambon.

... Vous pouvez être assuré que je ferai l'im-

JANINA. — La barricade du consulat d'Italie.

JANINA. — La garde turque à la porte du consulat de France.

possible pour faire respecter le pavillon dont j'ai l'honneur d'avoir la garde.

Le *Livre jaune* ne contient aucune autre dépêche de M. Carlier, ce qui indique que le consul sut faire face à la situation sans recourir à l'aide de l'ambassadeur.

EXTRAIT DU *Livre jaune supplémentaire.*

Récit des événements de Diarbekir d'après le rapport de M. Meyrier.

... Le vendredi 1er novembre, jour de la Toussaint, j'étais allé à la messe avec ma famille : en dehors de quelques Kurdes armés, rien de particulier ne nous avait frappés. En rentrant chez moi, on me dit qu'un musulman avait, dans la matinée, parcouru les rues en excitant ses coreligionnaires au massacre.

Vers les 11 heures, mon drogman vint me dire que la panique s'emparait des Chrétiens; que tout le monde courait dans la rue et que déjà on avait tué plusieurs personnes. Je descendis dans la cour où je vis deux blessés qui s'étaient échappés du marché; j'étais devant la porte, la rue était déserte; mais, des terrasses, on me criait qu'ils arrivaient et de rentrer tout de suite. J'avisai trois zaptiés qui se trouvaient là et leur donnai l'ordre de défendre le Consulat. Au même instant, du côté opposé de la rue, à vingt pas de moi, je vis déboucher une bande d'individus armés jusqu'aux dents et poussant des cris féroces. Neuf zaptiés et un officier subalterne arrivèrent en même temps pour garder le Consulat. Il était midi 5 minutes. Dès ce moment le massacre était commencé...

Mon premier soin fut d'envoyer par un zaptié une réquisition au vali pour obtenir une garde plus importante pour le couvent (je croyais qu'il en avait une). Le zaptié ne réussit pas et je n'obtins pas de réponse à ma demande.

Le vendredi... on a d'abord massacré les Chrétiens qui n'avaient pu se sauver et ensuite on s'est livré au pillage.

J'ai vu les Kurdes passer devant le Consulat avec de lourdes charges d'objets volés; plusieurs ont été arrêtés et dépouillés par mes zaptiés, qui ont mis les marchandises en sûreté dans les maisons voisines et les ont emportées ensuite chez eux...

Ce n'est en réalité que le samedi matin que le massacre en règle a eu lieu. Jusqu'alors on égorgeait les Chrétiens dans les rues, on les tuait sur les terrasses en tirant des minarets, mais on n'avait pas encore attaqué les maisons. Ce jour-là au lever du soleil le carnage a commencé et a duré jusqu'au dimanche soir. Les Turcs s'étaient divisés par bandes et procédaient systématiquement, maison par maison... Une femme est tombée sous nos yeux au moment où elle allait entrer au Consulat. Combien d'autres ont été tués dans ces lugubres trajets (vers le Consulat et le couvent).

Le dimanche, à une faible distance du Consulat, j'ai vu de ma fenêtre les soldats, les zaptiés, les Kurdes, tirer ensemble des terrasses et des minarets sur l'église arménienne. Je fis constater le fait par l'officier de garde, et je priai un religieux musulman, Abas Hodja, de s'interposer pour mettre fin à ce carnage. Jusqu'alors nous avions pu croire que la force armée essayait de réprimer le soulèvement et nous pouvions espérer qu'elle en viendrait à bout ; mais à ce moment il n'y eut plus de doute. L'épouvante fut alors si vive parmi les réfugiés que j'adressai à Votre Excellence cet appel qui nous a tous sauvés... (M. Cambon télégraphia alors que la tête du vali lui répondrait de celle du consul.)

Le lendemain matin, le feu ne recommença pas. Vers les huit heures, Abas Hodja venait au consulat me faire une visite ; il était bientôt suivi des principaux musulmans du quartier, qui, tous, m'assurèrent que c'était fini... Que s'était-il passé pour calmer ces forcenés au paroxisme de la fureur, et mettre presque subitement fin à ce carnage ? Je suppose que la « tête du vali » n'est pas étrangère à ce revirement. Malheureusement il n'en était pas de même dans les villages, où il n'y avait pas de consul de France en péril...

... Chrétiens morts ou disparus, plus de 3,000.

Musulmans, 195, dont la moitié se sont tués entre eux pour le partage du butin...

Le vali a envoyé au consulat 9 zaptiés et un officier, et personne au couvent. Je lui ai adressé réquisitions sur réquisitions, il ne m'a jamais répondu, et ce n'est qu'après avoir vu notre pavillon monter et descendre pendant toute une journée qu'il s'est enfin décidé à me faire demander par un tchaouch ce que je désirais. J'ai dit à ce sous-officier que je voulais une garde suffisante pour le couvent et des renforts pour moi. Il me fit observer que les soldats ne pouvaient aller au couvent, parce que sur le parcours les Chrétiens tireraient sur eux. A quoi je lui répondis que, puisque les soldats turcs n'étaient pas faits pour aller au feu, moi-même je monterais sur la terrasse pour inviter les chrétiens à ne pas tirer. C'est ce que j'ai fait devant lui. Peu après, dix soldats et un officier sont arrivés au Consulat, mais aucun n'est allé chez les Pères. Nos protégés sont donc restés sans garde après les trois jours de massacre, et bien souvent ils ont été en danger.

Après ces trois jours de massacre, après avoir tué plus de 3,000 Chrétiens, leur avoir pris tout ce qu'ils possédaient, on pouvait espérer que le Gouvernement leur accorderait un semblant de protection. Hélas, il n'en a rien été ; ils ont été traqués après comme avant... Pendant quarante-six jours la terreur a régné dans la ville... C'est grâce à vous que le désastre n'a pas été complet. Tous les Chrétiens qui restent savent, monsieur l'Ambassadeur, qu'ils vous doivent la vie, et les malheureux voudraient pouvoir vous la consacrer pour vous prouver leur reconnaissance.

18 décembre 1895. MEYRIER.

Dans son beau livre, la Politique du Sultan *(pages 61 et suivantes), M. V. Bérard donna (1897) sur les mêmes faits les détails suivants qu'il venait de recueillir à Andrinople, de la bouche même de M. Meyrier. C'est donc le complément authentique du rapport officiel.*

... A peine arrivés dans le Consulat l'officier et ses hommes se mettent à couper les cheveux des réfugiés et à leur voler leur coiffure de sequins. Chaque nuit le tumulte s'apaise, chaque matin les muezzins redonnent le signal... On mène les femmes à l'abattoir et on les saigne comme des veaux. On fait asseoir les hommes ligotés et, sur leurs genoux, on coupe leurs enfants en tranches ; le Consul de France assure qu'un chrétien eut trois enfants ainsi taillés sur ses genoux, puis on lui dit en riant : « Va-t'en pleurer chez le Consul ! »

Le soir du troisième jour, le Consul fait parvenir un télégramme à l'Ambassade... M. Cambon parle haut et menace d'envoyer l'escadre à Alexandrette. Aussitôt arrive à Diarbékir une dépêche du Palais. A six heures, des coureurs partis du gouvernement se précipitent dans les rues en criant : « *Iassak!* c'est défendu ! » A sept heures tout était fini.

Mais pendant neuf jours encore les réfugiés refusent de quitter le Consulat et le Consul hésite à les renvoyer... Le sixième jour, des notables Musulmans demandent à voir le Consul qui ne veut pas les recevoir. Mais le lendemain ils pénètrent jusqu'à la Chancellerie. A leur vue le Consul, qui était en relations d'amitié avec eux et qui sait leur rôle pendant les massacres, tombe sur son fauteuil, la tête dans ses mains, et éclate en sanglots. Alors, ces hommes s'assoient à ses pieds et se mettent à pleurer aussi...

Le douzième jour le Consul renvoie les réfugiés... Ils rentrèrent dans leurs maisons saccagées ; il ne leur restait au monde que les habits qu'ils avaient sur le dos.

Bien que ce qui suit concerne un fait postérieur de six mois aux massacres, il est si admirable, il est si éloquemment conté par M. Bérard, que nous ne pouvons hésiter à le reproduire; ce passage d'ailleurs est à lire, puisque le rapport de M. Liard, qui attribua le grand prix Audiffred (dévouements exceptionnels) de 15,000 fr. à Mme Meyrier, n'a fait que le reproduire textuellement :

« Enfin, quand le printemps est venu et que « les routes sont ouvertes, trois cents chrétiens « viennent demander au Consul de les emme- « ner à la côte. Le Consul ne veut pas quitter « son poste, craignant que son absence ne soit « mise à profit. Mais sa femme s'offre pour « conduire la caravane. Il faut quinze jours « de cheval jusqu'à Alexandrette. Les villages « ont été pillés. Les Kurdes coupent la route. « La femme du Consul a quatre petits enfants « dont un à la mamelle. Elle part avec ces trois « cents personnes et plusieurs centaines de « chevaux. Le gouverneur lui offre une escorte « mais pour elle seule. Elle déclare que l'es- « corte protègera tout le monde ou qu'elle ne « l'acceptera pas ; puis, pour forcer les gen- « darmes à rester sur toute la colonne, elle « envoie ses enfants en tête et reste en queue. « Elle voyage à cheval et ses enfants en li- « tière et allaite son nourrisson. Il faut à cha- « que étape assurer les vivres et le coucher de « tous ; souvent, la nuit il faut se relever, faire « le tour du camp et calmer les paniques. Au « passage de l'Euphrate des ordres sont venus « de Constantinople » de laisser passer la

« femme du Consul » ; les autorités en con-« cluent qu'il faut arrêter les autres. Mais « elle envoie ses enfants sur l'autre rive et an-« nonce qu'elle passera la dernière, après « toute la colonne, et que si le préfet la fait « attendre, si son nourrisson vient à mourir « de faim, on verra une bonne fois où sont les « responsabilités. Le préfet cède et la caravane « repart. A travers un pays en révolution, au « milieu des bandes de Kurdes et de Circas-« siens, après deux semaines on arrive à la « mer (Alexandrette). La femme du Consul « embarque tout son monde et monte à bord « la dernière. »

Trébizonde.

Récit des événements de Trébizonde selon le rapport de M. Cillière à M. Cambon.

... Un zaptié fut placé à la porte de chacune des maisons religieuses. Encore, dès le lendemain, le vali me faisait-il demander, comme chose sans importance, de relever la police de cette faction. C'est à l'exigence formulée par moi d'une lettre officielle me déchargeant de toute responsabilité à ce sujet qu'est dû le maintien de cette garde dont l'utilité devait être si grande.

... Je comptais ce jour-même présenter au gouverneur, M. Roqueferrier, gérant du Consulat d'Erzeroum. Nous nous rendîmes au konak.

. . . .

Il faut pour regagner les quartiers chrétiens où se trouve le Consulat, suivre une rue qui traverse la ville dans sa plus grande longueur... Nous n'étions pas à mi-chemin quand une panique subite se produisait; tous les commerçants fermaient leurs boutiques. En même temps des détonations d'armes à feu se faisaient entendre.

L'établissement des Frères où s'engouffraient une foule toujours grossissante de gens affolés se trouvait tout près de nous; il nous parut nécessaire d'y faire une courte station pour dire quelques mots d'encouragement aux religieux et rassurer les malheureux qui étaient venus chercher un asile sous notre drapeau.

...Notre voiture nous avait abandonnés; nous dûmes reprendre à pied le chemin du Consulat. Nous nous engageâmes dans la direction d'un jardin public, qui couvre la place centrale. Les coups de feu partaient dans tous les sens; le chemin était impraticable. A cet endroit d'ailleurs, malgré la présence de notre cawas, un individu venait de braquer son revolver sur

M. Roqueferrier, qui ne dût qu'à son sang-froid l'instant d'hésitation dont nous profitâmes pour gagner la compagnie Paquet où un certain nombre de personnes se trouvaient réunies.

Nous pensâmes bientôt que notre présence chez les Pères Capucins ne pouvait avoir pour effet que de rassurer nos protégés et nous nous rendîmes aussitôt à cette mission que nous ne quittâmes qu'à une heure et demie, après avoir réconforté les religieux, pour reprendre le chemin du Consulat. Sur notre passage des détonations d'armes à feu retentissaient encore.

C'est au zaptié et à notre cawas qui nous faisaient littéralement un rempart de leur corps que nous dûmes d'avoir pu effectuer sains et saufs ce parcours incessamment traversé par des bandes d'assassins... Les vitres brisées, l'amas d'objets inutiles jetés par les voleurs, les cadavres dont les blessures signalaient l'atroce acharnement des massacreurs, tout donnait, avec l'aspect effrayant des individus rencontrés, une impression de violence et de sauvagerie inouïes.

A un moment, sur l'ordre du zaptié, nous dûmes redoubler de vitesse ; nous passions devant le magasin dévasté d'un commissionnaire arménien. On entendait les coups au moyen desquels on s'efforçait de défoncer le coffre-fort. C'est d'ailleurs le doigt sur la détente de son fusil que le gendarme nous guidait. Vers deux heures nous atteignîmes le Consulat.

En l'absence du consul, le drogman, un Français, M. Jousselin, avait pris d'énergiques mesures tandis que ses cawas, au péril de leur vie, gardaient la rue afin que l'accès du Consulat pût rester libre.

M. Cillière terminait son rapport par de sévères appréciations sur les révolutionnaires arméniens qu'il considérait comme ayant en grande partie provoqué le mouvement.

Empruntons à l'ouvrage déjà cité « les Massacres » ce passage saisissant : « Après avoir déchargé leurs pistolets sur le boucher Adam et son fils Karchim, les assassins entrèrent dans la boutique, tombèrent sur les blessés et se mirent à les dépecer. Ils arrachèrent les bras, les jambes, la tête, mirent en pièces les deux troncs, en suspendirent les morceaux aux crocs, et les montrant aux passants, ils criaient : « Que demandez-vous? Des bras, des jambes, des pieds? Des têtes? achetez c'est à bon marché ! »

Erzeroum.

On trouve dans le *Bulletin des Œuvres d'Orient*, un intéressant récit des événements d'Erzeroum. A défaut d'aucun rapport détaillé de M. Roqueferrier, nous aurions donné ce récit, si nous ne voulions laisser respirer un peu le lecteur avant le tableau des atrocités commises à Orfa.

Nous préférons emprunter à l'ouvrage déjà cité tout à l'heure et qui va l'être encore un peu plus loin, ces pages empreintes d'une poésie grandiose.

C'est un extrait de la lettre d'un vieux maître d'école arménien d'Erzeroum. — Une plume arménienne parmi tant de plumes françaises...

« Tout à coup un étrange bouleversement se produisit. Étant sortis nous vîmes devant la porte une femme qui s'arrachait les cheveux et criait : « Ils égorgent, ils égorgent! » Au même moment un jeune homme couvert de sang entra, nous suppliant de l'abriter.

« Nous avons barricadé les portes, nous avons réuni nos filles et garçons dans la même salle. Mais comment faire taire cinq cents enfants qui pleuraient à grand bruit?

« Nous n'avions encore rien vu, rien entendu. Nous montâmes à l'étage supérieur pour regarder ce qui se passait aux environs. Par les rues couraient sans cesse des Circassiens, des Turcomans, des Lazes, chargés de marchandises enlevées. Cela nous fit entendre qu'on avait attaqué le bazar. Un des nôtres ne put se retenir en voyant un Laze qui passait chargé de marchandises et tira un coup de revolver.

Le Laze se sauva, criant que l'école était remplie de gens armés. A partir de ce moment, personne n'osa plus passer par notre rue.

« Nous entendîmes bientôt des coups de fusil. Nous supposions naïvement que c'étaient les soldats qui tiraient pour effrayer la foule et empêcher d'attaquer les quartiers arméniens.

« Mais toutes les fois que les coups de fusil s'approchaient, nos enfants poussaient des cris de terreur.

« Il était neuf heures du soir — le moment le plus terrible du massacre, paraît-il, mais nous ne l'avons su que plus tard — lorsque tout près de nous quelques coups de fusil furent tirés. Nous pensâmes : « la foule nous attaque » et je courus vers le côté d'où nous avions entendu les coups. Les enfants avaient recommencé à crier et à pleurer. Nous vîmes à notre grande stupéfaction des soldats qui se tenaient le long du mur; c'étaient eux-mêmes qui avaient tiré.

« Plus tard nous avons su que ces soldats étaient venus dans l'intention de reconnaître nos forces; ils étaient décidés s'ils nous trouvaient faibles à nous massacrer tous. Mais nous restâmes calmes et attendîmes en silence. Cela les trompa. Ils furent raffermis dans leur conviction que l'école était bien armée et disparurent en se glissant le long des murs.

« La nuit était arrivée, nous entendions encore des coups de fusil, mais moins fréquents, les enfants pleuraient et voulaient retourner chez eux. Il n'y avait plus moyen de les calmer. Nous distribuâmes alors un petit morceau de pain à chacun. Quand ils eurent mangé nous les priâmes de se coucher et de dormir. Docilement ils s'étendirent par terre, serrés les uns contre les autres et s'endormirent comme des agneaux. Mais une partie, les plus âgés, refusèrent. Ils voulaient veiller jusqu'au matin. Quelques petits de 5 à 7 ans pleuraient toujours, voulaient aller près de leurs mères.

« Alors nous commençâmes à chanter à voix très douce des chansons tristes; cela les calma, le bruit cessa. Nous montâmes alors à l'étage supérieur pour voir au loin.

« C'était une nuit sereine, il n'y avait au ciel que quelques petits nuages. La lune éclairait la ville; un peu au loin s'élevaient les flammes des maisons incendiées; parfois des coups de fusil éclataient encore. Et nous nous disions que cette même lune à cette même heure éclairait d'autres pays où sa lumière réjouissait les hommes, où l'on causait, où l'on riait en famille sans se douter qu'en un coin de terre cette lumière radieuse n'éclairait que l'égorgement, l'incendie et le viol!... »

Heureusement au matin ces malheureux furent délivrés. M. Roqueferrier, le consul de France (1), avait fait tout son devoir...

Événements d'Orfa.

Ces égorgements sont les plus horribles de tous ceux qui se sont produits en Arménie.

Début ordinaire, classique, quelques musulmans parcourent les rues en accusant les giaours d'attaquer les Turcs. La troupe, sortant des casernes, arrive. Elle fait des mouvements étranges, comme sur un terrain de manœuvre, chasse peu à peu les Arméniens des quartiers excentriques pour les réunir, les masser au centre de la ville où le massacre sera plus aisé.

Alors commence le carnage, le dépecage des corps, les viols hideux. Sur la place quantité de jeunes filles, leurs vêtements arrachés, sont vendues aux Kurdes par lots.

Le lendemain trois mille de ces malheureuses se sont réfugiées dans la cathédrale,

(1) Aujourd'hui consul à Sao Paulo, Brésil.

portes fermées. Les assassins brisent les portes à coups de hache, puis une fois entrés, ils tuent les enfants, les filles dans les bras de leurs mères. Bientôt fatigués de tuer, tellement couverts de sang qu'ils n'étaient plus reconnaissables — il y avait parmi eux des mégères plus féroces encore que les hommes — ils s'avisent d'un épouvantable expédient pour *activer*... Ils courent chercher du pétrole. Fatalité terrible, il y en avait cinquante caisses dans la cour de l'église! Ils les défoncèrent. Les trois mille malheureuses furent lentement brûlées, tandis que, grimpés, sur l'autel, des mollahs, mains levées, remerciaient et bénissaient Dieu...

L'archevêque qui avait vu du toit sur lequel il était caché, monter les flammes, qui avait entendu les cris déchirants des victimes écrivit au vali : « Puisque tu as détruit mon peuple, *puisqu'il n'y a personne sur la terre qui veuille le défendre*, je vais rejoindre les victimes dans le sein du Seigneur. » Et il se coupa les artères.

Il y eut douze mille morts...

Les Juifs furent chargés d'enterrer les cadavres. Pendant plusieurs jours on les vit passer traînant les corps traités en bêtes immondes.

EXTRAIT DU *Livre Jaune*.

LES CONSULS DE FRANCE EN ARMÉNIE

Extrait du Rapport du R. P. André supérieur général des missions de la S. J. en Anatolie, en résidence à Constantinople. (Bulletin de l'Œuvre des Écoles d'Orient 1896).

(Nous reproduisons toute la partie de ce rapport qui concerne le rôle joué au milieu des événements par nos consuls en Arménie et dans toute l'Asie Mineure).

« Ce chevaleresque tribut la France l'a largement payé dans la personne de ses consuls : ils ont été les premiers à courir au milieu de la mêlée pour arrêter de leur mieux l'effusion du sang. J'en connais qui, seuls, avec l'aide d'un cawas ont maintenu des bandes entières en respect, les ont fait reculer et ont sauvé toute une foule réfugiée dans une grande église. Sous le feu des balles, ce cawas est allé au palais du gouverneur requérir des gardes pour les maisons des Pères et des Sœurs. Il est revenu de même, et ses habits portent les marques des balles qui les ont troués (1).

(1) Événements de Sivas.

Rapport officiel de M. Cambon, Ambassadeur de France à Constantinople, au Ministre des Affaires étrangères à Paris, appréciant la conduite respective de ses quatre vice-consuls en Arménie.

Tous nos agents ont fait preuve du plus grand dévouement pendant les troubles dont l'Asie-Mineure vient d'être le théâtre, se multipliant pour porter secours à nos nationaux et pour mettre un terme aux scènes souvent sauvages qui ont ensanglanté leur résidence.

Trébizonde. — M. Cillières, surpris au milieu de la ville par l'explosion de l'émeute, n'est rentré au Consulat qu'après avoir visité notre établissement des Frères et s'être assuré de leur sécurité, tandis que M. Jousselin, chancelier, organisait la défense du Consulat et y recueillait au milieu de la fusillade les gens poursuivis.

Erzeroum. — M. Roqueferrier a déployé une grande énergie auprès des autorités et n'a pas craint de remplir tout son devoir au risque de sa vie.

Diarbékir. — De tous, M. Meyrier a peut-être le plus longuement et le plus cruellement souffert.

Sivas. — Quant à M. Carlier, je puis le citer comme un modèle de décision prompte et de sang-froid.

Avec ses cawas qu'il avait armés, — et assisté de Mme Carlier, — il a véritablement organisé la défense militaire de son quartier, sauvegardant ainsi des établissements remplis d'Arméniens, tenant en respect les émeutiers, arrêtant les pillards, et ravitaillant toute une population.

Agneau pascal offert par le consul de France et grillé par des réfugiés grecs, le jour de Pâques 1897.

www.ingramcontent.com/pod-product-compliance
Ingram Content Group UK Ltd.
Pitfield, Milton Keynes, MK11 3LW, UK
UKHW012222240726
13966UKWH00003B/906

9 782012 866997